Le secret des nombres

À Marlène et Pierre Préel,
mes amis de toujours pour toujours.

ISBN : 2-0820-0387-6
N° d'édition : FT0387-02
Dépôt légal : janvier 2002
Composition : PFC-Dole
Imprimé en France

Claude de Milleville

Le secret des nombres

Flammarion

SOMMAIRE

« Quand on demande à un sujet de dire arbitrairement un chiffre, on constate que son choix est rigoureusement déterminé par une préoccupation personnelle. Cela confirme l'existence d'un déterminisme psychique. » Freud, Psychologie de la vie quotidienne, « Croyance au hasard et superstition » (1901-1904).

« Les nombres naturels, d'un point de vue psychologique, sont certainement des représentations archétypiques, car nous sommes obligés d'y penser suivant un chemin déterminé. Il est évident que les nombres sont des produits spontanés et autonomes de l'inconscient. Le hasard du tirage est une façon d'établir une relation avec l'inconscient du consultant et son environnement cosmique. » C. G. Jung, L'Homme et les symboles.

Préface

Depuis la première édition de *L'Interprétation des Nombres*, plus de dix années se sont écoulées et plusieurs grands monuments, murs, tours, empires se sont écroulés. Mais pas l'étonnante méthode mise au point par Claude de Milleville pour vous aider à mieux vous connaître vous-même ! Au contraire, ayant depuis longtemps passé le mur de l'expertise professionnelle – celle qui autorise l'homme ou la femme de l'art à mener son travail les yeux fermés – Claude est devenue une vraie amie des nombres et de la façon dont ceux-ci habillent les chatoiements de nos mondes intérieurs. Dites-lui n'importe quel nombre au hasard (« six cent dix-huit mille quatre cent quatorze ! ») et sans avoir eu même besoin de réduire ce nombre à l'enclos magique des vingt-deux fondements de la Kabbale, elle se met à vous parler de vous.

Si j'étais seul à m'extasier de la sorte, on pourrait penser que la belle dame m'a jeté un sort ou que la magie de ses lames m'a ensorcelé. Mais nous sommes nombreux à penser de même, et j'en connais parmi nous, venant notamment de mondes aussi carrés que la philosophie et la science occidentales – ou de la télévision – qui ne sont pas du genre à se laisser séduire par la magie et présentent au contraire de solides systèmes de résistance à l'irrationnel. C'est qu'en réalité, derrière des apparences fantastiques, la lecture des nombres en résonance avec la psyché relève d'une intelligence hyper rationnelle – que seule une haute précision poétique est capable de recevoir et de contenir. Et cette précision-là, Claude de Milleville la possède.

Mais qui est Claude de Milleville ?

« Le monde est en crise ?
Tout s'écroule autour de vous ? »
Claude de Milleville vous lorgne de sa mine mirobolante et, sans vous laisser le temps de souffler :
« Tant mieux, c'est la preuve qu'une grande mutation est en cours ! Quelle mutation ? L'émergence, chez un nombre croissant de gens, de tout un univers intérieur jusqu'ici endormi. L'épanouissement de tout un bouquet de talents cachés, demeurés depuis la nuit des temps à l'état de pure vitalité, de simple potentiel. L'homme est encore un enfant, mais voilà qu'il s'éveille ! »
À écouter Claude de Milleville, cet éveil fait parfois un tel raffut, qu'on pourrait croire, certains soirs, la fin du monde venue. Mais il ne faut pas s'y tromper : une renaissance est en cours. Sa force motrice : la liberté individuelle. Mais qu'est-ce que la liberté individuelle ?
Combien épais sont les fleuves comportementaux qui nous entraînent collectivement en vastes troupeaux somnambules. « La bête de l'Apocalypse, disait Simone Veil, c'est la pression sociale. » Certes, chaque incarnation est

absolument unique, mais comment en dégager le joyau, au milieu de toute la boue de nos habitudes ?
Claude de Milleville fait partie des gens qui vous aident à dégager votre joyau intérieur. À voir le Beau au fond de vous-mêmes. Et sans la moindre complaisance.
En fait, je suis convaincu qu'elle pourrait le faire « comme ça », au pied levé, sans autre outil que l'intelligence de son cœur (son grand cœur de Gauloise truculente). Mais elle aurait peur de manquer de modestie, de rigueur – Claude est incroyablement réglo. Elle a donc mis au point une méthode étrange – étrange de rigueur ! – la *nombrologie*.
Comment notre inconscient parvient-il à utiliser le langage des nombres pour exprimer nos tendances les plus enfouies ? Cela m'est un grand mystère.
Deux chercheurs français de renom, le neurologue Jean-Pierre Changeux et le mathématicien Alain Connes, se sont livrés à une joute intellectuelle passionnante dont ils ont publié les minutes sous forme d'un livre, *Matière à pensée*, (Éd. Odile Jacob). Changeux y défend le point de vue selon lequel le cerveau humain aurait créé les nombres : en eux-mêmes, ceux-ci n'auraient aucune existence. Alors que Connes, au contraire, s'il est une « idée » qui préexiste au monde, ce sont précisément les nombres et leurs lois, les mathématiques aux dialectes infiniment variés.
Archivieux débat, que nos descendants entretiendront sans doute dans dix mille ans. J'en parlais un jour avec un ami zaïrois qui éclata bruyamment de rire : « Ah là là, mon ami, vous les Blancs, vous pensez tellement que vous en devenez parfois idiots. Regarde, les nombres, c'est tout simple. Chez nous, on dit : "Le *un*, c'est unique, l'innommable. De lui nous ne parlerons donc pas. Le

deux, c'est le monde, c'est l'homme et la femme, le plus et le moins, le bien et le mal, c'est là-dedans que nous sommes nés. Le *trois*, c'est l'action spontanée qui surgit du monde. Le *quatre*, c'est la réaction du monde à l'action. Enfin, le *cinq*, vois-tu, c'est la réflexion sur tout ça, c'est l'homme". Vraiment simple, quand tu connais les rythmes musicaux, tu sens ça très bien. »
Pourtant, si simple la démonstration fût-elle, je décrochais à partir du *quatre*... *un*, l'insondable tout ; *deux*, le monde ; *trois*, tout le reste ; au-delà, cela me devenait abstrait, une construction intellectuelle.
Je n'ai jamais creusé ces questions. Il m'en est resté l'impression que les nombres sont d'autant plus percutants qu'ils ont du relief, qu'ils se géométrisent. Quelqu'un m'a parlé un jour des « formes platoniques », sortes d'archétypes primordiaux dont toutes les autres formes seraient issues, ce que les artistes des images de synthèse d'aujourd'hui savent bien, eux qui décomposent toutes les formes du monde en combinaisons de « polygones ». Ce ne serait pas le nombre lui-même qui compterait, mais la forme qu'il symbolise.
La *nombrologie* de Claude de Milleville se réfère, je crois, à une géométrie de l'âme. Je ne prétend pas comprendre exactement de quelle façon elle opère, bien qu'elle fasse à livre ouvert, en expliquant point par point tous les symboles qu'elle utilise – ils sont aussi clairs que ceux de mon ami zaïrois.

« Dites un nombre », vous demande-t-elle, sans réfléchir.

Vous vous concentrez une seconde et vous balancez : « Trois millions huit cent cinquante trois mille deux cent trente-neuf ! »

Cinq ou quinze fois de suite, Claude demande à votre bouche de laisser s'échapper les chiffres secrets de votre âme, qu'elle note sur une feuille, d'une grande écriture énergique. Ensuite, à une vitesse stupéfiante, elle réduit ces nombres aux lames de tarot, aboutissant à de petits groupes, tous inférieurs ou égaux à 22.

Enfin elle se met à vous parler de vous-même. De vos états présent, passé, futur, de vos atouts, de vos faiblesses. Et c'est tout à fait extraordinaire : elle fait mouche à tous les coups.

Comparée aux « arts divinatoires » traditionnels (le Yi-king m'est parfois, je dois dire, une aide précieuse), la méthode de Claude de Milleville présente un avantage remarquable : le fait de vous laisser exprimer les nombres de votre choix – fussent-ils à vingt ou à cent chiffres – lui permet de nuancer à l'infini la palette des états de conscience, d'âme, de corps qu'elle décline devant vous (suivant, encore une fois, une règle préétablie parfaitement intelligible). À l'infini, non seulement parce que s'y retrouvent les vingt-deux lames du tarot autant de fois que vous le désirez, mais parce que la position de chaque nombre, de chaque genre (pair/impair), de chaque symbole, par rapport aux autres, fait varier d'autant le chatoiement de son commentaire un chiffre femelle ne joue pas le même rôle placé à gauche ou à droite d'un chiffre mâle, etc.

Par quel ressort profond notre inconscient allie-t-il ainsi nombres et symboles ? Pourquoi ces symboles présentent-ils une sorte de constante universelle ? Comment est-on parvenu à décoder ce langage ? Tout cela me demeure totalement merveilleux et ahurissant.

Claude de Milleville, elle, rit.

Patrice Van Eersel

Avant-propos

« Mademoiselle, vos notes en calcul sont lamentables. »
« Mademoiselle, vous avez navigué toute l'année entre 0 et 4 en arithmétique. »
« Mademoiselle, les mathématiques ne sont vraiment pas votre fort, je me demande ce que vous réussirez à faire dans la vie ! »

Depuis l'enfance, je fus la bête noire des professeurs de maths. Toute ma scolarité durant, je n'ai pas daigné ouvrir un livre. Ces formes d'insectes barbares me révulsaient avant même d'avoir essayé de les comprendre. Puis, un jour, j'ai découvert leur musique en faisant l'école buissonnière... Je me baladais avec plaisir et volupté dans les contes de fées, m'arrêtant, intriguée, sur ces chiffres qui se répétaient sans vraiment en comprendre la signification. Les proverbes, le langage populaire pétri de sagesse et de bon sens m'amusaient, et je rencontrais ces chiffres, ces nombres, qui eurent soudain un sens que j'avais ignoré jusqu'à ce jour.
« 16 870... Brigitte, j'ai trouvé un truc formidable ! » À l'arrière de la voiture, je clame, triomphante, ma trouvaille. Mes amis m'écoutent d'une oreille distraite. Nous roulons dans la campagne avignonnaise à la recherche d'un restaurant.

« 16 870... Brigitte, on a créé les ordinateurs à l'image de notre cerveau, on programme des données, il répond juste et bien, pourquoi ne pas s'adresser directement au cerveau par l'intermédiaire des nombres ? Des nombres dits au hasard, spontanément, des nombres longs ; les chiffres sont les notes de musique, les nombres, la musique de chacun ; oui, faire dire des nombres et les traduire avec le langage des symboles ! »
Ravie, je m'enfonce confortablement dans les coussins de la voiture et je rêve, je rêve délicieusement à tout ce que je vais découvrir derrière la porte que je viens d'entrouvrir.
« Tourne sept fois ta langue dans ta bouche avant de parler », « Je te l'ai déjà dit vingt fois », les sept nains, les bottes de sept lieues, les sept couleurs de l'arc-en-ciel...
Tels des rébus, des nombres aussi jaillissent à chaque page de la Bible, à chaque page de l'alphabet hébraïque ; puis on découvre qu'ils sont mêlés aux premiers bégaiements de l'écriture, ont précédé à l'ouverture de la conscience de l'homme.

Sans même que je m'en rende compte, ils ont pris place en moi. Ils sont devenus vivants, en même temps que m'apparaissait l'évidence d'une structuration de toutes les énergies de l'Univers par les nombres : la musique, l'architecture, notre corps, notre esprit... tout découle de la loi des nombres. J'ai regretté que les professeurs de mon enfance ne les aient pas déclinés sur la partition musicale de la vie ; j'aurais sûrement gagné du temps, et cela m'aurait passionnée.
Un jour, je compris que les nombres et le langage marchaient de pair. Comme la respiration module entre inspire et expire, langage et nombres sont deux faces d'une même médaille. D'un côté le langage culturel, le langage

du conscient ; de l'autre celui des nombres, structure de tout ce qui existe comme du langage de l'inconscient.
Le langage est construit pour faire passer des idées, des sensations, des impressions ; il a évolué du cri à la parole significative. Les nombres se sont développés d'abord pour nous compter nous-mêmes, puis pour évaluer des quantités stratégiques : animaux, marchandises, guerriers... Chaque fois que l'intelligence à élargi le champ du possible, elle a travaillé à la création du monde.
J'ai été bouleversée lors d'un symposium à l'UNESCO où, pendant deux jours, des prix Nobel de la paix, des savants du monde entier venaient parler de leurs découvertes. Avec ces écouteurs qui traduisaient en simultané, j'entendais les plus grandes intelligences qu'il m'avait été donné de rencontrer, et ces sommités parlaient avec une telle simplicité, une telle clarté qu'on avait l'impression d'être intelligent, de tout comprendre. Nous étions plus de mille dans l'amphithéâtre, un silence absolu régnait. Toute cette foule était une seule grande oreille, totalement réceptive à un véritable savoir. À un moment, ce fut le tour d'un astrophysicien russe et d'un savant chinois spécialiste du cerveau : « Vous observez souvent le ciel, la nuit, écrasés par cet espace immense et ces milliards de systèmes solaires, et vous vous dites : "Que suis-je face à cette infinité ?" Nous nous sentons petits, minuscules, une poussière. Toutes nos recherches aboutissent au constat que ce qui se trame dans l'immensité du cosmos est un travail formidable de construction de l'intelligence, et que la finalité la plus parfaite actuellement est notre *cerveau*. Nous allons chercher bien loin et dans un infiniment grand non encore conscient quelque chose d'extraordinaire qui est *dans notre tête* et qui est le résultat de ce qui se trame *au-dessus de nos têtes*. »

Un éclair traversa ma conscience. L'évidence de ce que je venais d'entendre m'imprégnait tout entière, et je fus une fois de plus persuadée que toutes les connaissances étaient en nous. Seulement, nous sommes obturés par le besoin de chercher dehors les solutions dont nous sommes porteurs.

C'est à travers les nombres que les scientifiques déclinent l'Univers. Plus ils élargissent la conscience, plus celle-ci se révèle illimitée. Nous vivons une aventure extraordinaire dans un mélange de fini et d'infini qui nous est sensible tous les jour. D'un côté, ce temps qui nous est donné, si court entre naissance et mort ; de l'autre, ce miracle quotidien où cet homme-poussière est porteur de l'infini, chaque jour plus intelligent, plus inventif, plus créatif.
Pas de limite à la connaissance. Pas de limite à la potentialité d'amour.
Ce n'est qu'en étant ouvert à la certitude d'être un dieu qu'on peut le devenir. Quand, dans cet Évangile déformé par l'enseignement judéo-chrétien, on lit : « Il y a beaucoup d'appelés et peu d'élus », je traduis : nous sommes tous appelés à créer, à évoluer sans limites peu à peu en notre conscient ; mais, pour peu que nous nous éveillions à cette aventure que la vie nous propose, alors, quelle joie d'être tous les jours plus présents à nous-mêmes et à ce qui nous entoure !

« Il est interdit d'être vieux. » (Rabbi Nahman de Brailav)

Pour apprendre à vivre, il n'est jamais trop tard ! C'est bien sûr un long apprentissage ; mais ne perdons pas de vue que, dès le départ de notre vie, *nous savons*. L'enfant que nous sommes est de plain-pied dans la connaissance. Il porte à sa bouche fleurs, objets, insectes... Tout est bon à prendre, ses sens sont en alerte, avides de découverte.

Un enfant apprend-il à marcher en prenant des leçons auprès des grandes personnes ? Bien sûr que non. Il fonce, poussé par une force irrésistible, il tombe, pleure, se relève et découvre peu à peu son pouvoir : non seulement celui de marcher, mais aussi celui de courir, de sauter, de jouer.

Peu à peu s'impose le monde extérieur : les autres, les parents, l'école, l'université, les livres. La plante sauvage est mise en culture ; on lui façonne une adaptation nécessaire à une vie socialisée. Et nous voilà adolescents, puis adultes obligés de nous déconditionner. Comment ? En passant d'apprendre à désapprendre. Pourquoi ? Pour retrouver notre noyau, notre moi ultime si vivace au départ et submergé ensuite par une multitude d'interdits et d'obligations.

Tout torrent à besoin de digue pour ne pas s'éparpiller. Mais la loi des hommes est-elle en harmonie avec les lois cosmiques ? Et si, toutefois, elle les rencontre par instants, n'en est-elle pas trop souvent éloignée ?

Nous vivons fréquemment une histoire qui n'est pas la nôtre. Une histoire écrite par notre milieu familial, par des maîtres à penser... Dès l'enfance, on nous impose une « marche à suivre » destinée à nous mettre en concordance avec la société dans laquelle nous allons devoir vivre. Surgissent alors, de toutes parts, des donneurs de leçons qui sont bientôt plus nombreux que leurs disciples et se retrouvent eux-mêmes plaqués à des idées mortes.

Toute idée fixée en doctrine, politique ou religieuse, est une idée morte. La pensée, l'idée vivante, est obligatoirement mobile, en continuelle marche vers un devenir, vers un élargissement de l'espace de la conscience, avec des retombées, des remontées, des remises en question. La création n'est pas linéaire, mais en dents de scie. Il n'y a jamais de certitudes, sinon que, *hors de la matière, il n'y a pas de salut.* Tout le reste n'est que fuite, élucubration.

Le corps est le véhicule de l'âme et de l'esprit, de la sensibilité et de l'intelligence. Nos cinq sens sont des portes ouvertes sur l'émission et la réception des énergies nécessaires à la croissance de cette petite graine de connaissance enfouie au plus profond de notre inconscient.

C'est de nous, et de nous seuls, que peut jaillir cette vérité à la fois immuable et mobile. Dualité merveilleuse de la vie, qui n'est faite que d'oppositions, de contraires en interaction permanente créant le souffle, la respiration, la vie !

Chaque parcelle du vivant est à la fois totalement semblable aux autres et dotée d'une identité particulière. Or, notre raison d'être incarné n'est-elle pas de développer cette particularité, cette spécificité ? N'est-ce pas aussi de pouvoir ramener à l'unité primale des milliards d'informations, chacune différente de la vision du voisin, affirmant ainsi *notre* couleur ? Chaque fois que l'un d'entre nous trouve un tout petit bout de vérité, ne devrait-il pas le partager, le mêler à d'autres approches ? Une seule couleur ne fait pas un tableau, une seule note de musique ne crée pas l'œuvre.

Si le 1 se divise lui-même en une infinité de nombres, n'est-ce pas pour se découvrir tous les *possibles* ?

« Dieu a fait l'homme à son image. »

« Dieu a eu besoin de sa création pour pouvoir se reconnaître. »

Il n'y a pas de réponse dans la Création. La réponse se trouve en rebondissant de question en question, en élargissant notre conscience indéfiniment.
Fuyons ceux qui prétendent détenir la vérité, ceux qui affirment, tranchent. Le diamant de connaissance est en nous. Le trouver ne vous livrera pas *la* réponse ; au contraire, il nous ouvrira à nos propres questions en nous aidant à leur ouvrir la porte, pour les faire jaillir de nous-mêmes, sans tenir compte des barrières fixes limitant tout élan. Nous porterons le plus loin possible, jusqu'à la dernière respiration de cette vie terrestre, cette curiosité questionneuse qui pousse la création vers l'infini.

Le mot « fin » n'existe pas.

1

La psyché revisitée par les nombres

Nous ne sommes pas suffisamment à l'écoute de nous-mêmes... Trop souvent, nous pensons que les autres savent mieux que nous ce qu'il faut faire, sont plus intelligents, plus cultivés... Enfants, adolescents, adultes, nous sommes de plus en plus entourés par des pseudo-connaissants investis d'un pouvoir qui semble les autoriser à nous guider sur les chemins d'une foi (rationnelle ou irrationnelle). Telle une balle, nous sommes jetés, bousculés entre mille et une interprétations parfaitement contradictoires sur ce que nous devons faire et penser. La seule foi à trouver est la foi en soi-même.

Nous avons grandi en oubliant d'affirmer notre identité à tel point que beaucoup d'entre nous ne savent plus ce qu'ils veulent faire de leur vie, ne savent plus qui ils sont, ce qu'ils aiment. Ils choisissent alors de suivre le troupeau, guidés par des bergers qui se proclament eux-mêmes dirigeants, rois, gourous. Le monde est plein de ces donneurs de leçons ! Et nous, perdus dans la forêt de la vie, terrifiés, n'ayant pas le courage de faire face à nos peurs, nous buvons avec avidité le poison de ces faux prophètes, cherchant en vain la recette du bonheur, sans comprendre que la seule personne qui puisse nous la donner, c'est nous !

Il y a ceux qui, conscients de leur erreur, ont recours à la psychanalyse pour essayer de se trouver derrière l'épaisseur de leur conditionnement et de leurs souffrances. Incapables, croient-ils, de s'en sortir seuls, ils vont, avec la complicité de leur soigneur, fouiller les poubelles du passé pour tenter de résoudre leurs problèmes actuels. Ceux qu'ils rencontrent travaillent au nom d'une méthode apprise et fixée. Plusieurs écoles se réclamant de la découverte de l'inconscient s'opposent, s'affrontent et défendent bec et ongles leur chapelle. Lacaniens, freudiens, jungiens... tous pensent détenir la bonne théorie, *la* vérité, et ne bougeront pas leur conviction d'un iota. Et pourtant ! Toute idée devenue dogme sombre dans l'immobilisme et se condamne elle-même.
Il m'a toujours semblé plus logique de passer par nos facilités que par nos difficultés. Pourquoi, si je désire aller me baigner à la plage, devrais-je emprunter le chemin envahi de ronces ? Pour mériter mon bain, je dois souffrir, accepter de me blesser et me déchirer ? Non, bien sûr. Notre bon sens nous poussera à porter notre regard vers un accès plus aisé pour atteindre la plage... C'est bien ainsi qu'il nous faut trouver notre chemin : avec bon sens !
Chaque fois qu'on ose transgresser les certi-

tudes établies, on se donne une chance d'élargir un peu sa conscience. Mais comment apprendre à s'écouter au lieu d'écouter les autres ? À s'écouter dans ses désirs, à entendre sa gourmandise de vie s'éveiller ? Dans *Le Secret des rêves*, je montrais combien il était important de se souvenir de ses songes et comment apprendre à décrypter ce langage symbolique : nous nous parlons en rêve, nous exprimons nos difficultés, nos souffrances, mais aussi les moyens d'en sortir. Mais si nous sommes visités par des images de la nuit, nous sommes aussi traversés par ce rythme de l'Univers qu'est la mélodie des nombres. Cosmos, musique, architecture, lois terrestres, lois cosmiques... Notre vie et notre corps tout entiers sont régis par la loi des nombres.

Les nombres : langage et structure de l'Univers

Comme les rêves, les nombres peuvent être la voie royale de la connaissance de soi. La gangue épaisse qui enferme notre moi profond peut être transpercée par le langage des nombres.

Au fond de notre mer intérieure, il n'y a plus l'agitation des vagues chahutées par les vents des influences extérieures... Notre identité, nos pulsions les plus intimes, nos soifs et les moyens de les étancher sont présents, à notre portée – pourvu que partir à leur découverte nous intéresse.

Aujourd'hui, nous sommes porteurs d'un langage des nombres qui n'est pas le même qu'hier ou demain. C'est de notre présent qu'il est question ; un présent qui peut passer de l'ombre de l'inconscient à la lumière du conscient… Quand trop souvent notre conscient est dans l'ombre et notre inconscient porteur de lumière, à nous de descendre en apnée au plus profond de cette mer intérieure. À nous de remonter à la surface avec les outils qui sont *les nôtres !*
Nous apprenons alors à n'être à l'écoute que du meilleur de nous-mêmes, nous apprenons à agir en fonction de nos désirs. Pour prendre la dimension des immenses possibilités qui nous sont offertes, pour donner le maximum d'espace à notre respiration de vie.

Comme tout ce qui existe, les nombres présentent deux faces d'une même médaille : les nombres/mathématiques et les nombres/musique, langage. Les premiers font la comptabilité de l'espace et du temps des êtres et des objets. Les seconds nous apparaissent comme une musique, un langage porteur d'un symbole, d'une image, dont les répercussions dépassent de loin l'appréhension première.

L'histoire des nombres

« Un mouton, deux moutons, très beaucoup de moutons… », c'est ainsi que commence le premier balbutiement de nos lointains ancêtres

pour compter leur troupeau. Eh oui, au-dessus de deux, c'était trop… C'est le *Tro-upeau* (de l'italien *troppo* = beaucoup, ou de *trè* = 3, déjà « très, beaucoup »).
Au commencement était le 1, puis le 2… C'est là le concept premier des nombres : 1, c'est soi, le *je*, première personne du singulier ; et 2, c'est l'autre devant soi, la dualité.
Le 1 est masculin, le 2 est féminin, le 3 est synonyme de pluralité : c'est le « plusieurs », le plus.
C'est en se servant de son propre corps comme repère que l'être humain a pu s'ouvrir à l'arithmétique. De tout temps, l'enfant s'est initié au nombre en comptant sur ses dix doigts.
Le nombre est ensuite venu caractériser l'importance d'une tribu, affirmer la puissance d'un peuple ou d'un royaume.
Le 12 est devenu une unité de mesure pratique, parce que divisible par 2, 3, 4, 6. C'est encore présent à notre époque : les œufs, les huîtres sont vendus à la douzaine ; les 24 heures de nos journées divisées en deux fois 12 heures ; il y a 12 mois dans l'année, les apôtres étaient 12…

Les Sumériens eux, ont découvert la base 60 : elle leur a été utile pour découper le temps. Nous l'avons conservée pour égrener les 60 secondes des 60 minutes.
Aux Sumériens ont succédé les Babyloniens, en Mésopotamie. L'écriture naît il y a plus de cinq mille ans et avec elle l'invention graphique des chiffres. On commence alors à se servir de

cailloux plus ou moins grands pour marquer les unités, dizaines, centaines et milliers. La trouvaille : des jetons d'argile séchée servant de monnaie. Les échanges aidant, il devint plus simple de compter sur la même base et ce fut par 10, comme les 10 doigts de la main.

Le boulier, quant à lui, s'est universellement répandu de la Chine à la Russie en passant par l'Europe. Il ne disparut en France qu'à la Révolution, qui l'interdit au profit de la nouvelle arithmétique.

Le tournant décisif, qui a largement ouvert la porte aux nouvelles mathématiques, fut l'invention du 0, apparu simultanément chez les Indiens des Indes et chez les Mayas, en 550 de notre ère. Ce que nous appelons les chiffres arabes sont en fait des chiffres indiens : les Arabes, grands voyageurs, les ont rapportés de leurs périples, et c'est grâce à eux que cette invention est arrivée jusqu'à nous. Mais, jusqu'à la Révolution, une résistance formidable, parrainée par l'Église, refuse cet avènement du 0, découverte qui ouvre l'homme à la conscience de son infinité. Si nous pouvons compter à l'infini, nous pouvons évoluer à l'infini ; en clair, le 0, pour l'Église, c'était le diable.

Après la Révolution, on abandonnera les lettres romaines, avec lesquelles l'arithmétique s'exprimait, pour ne se servir que des symboles 1-2-3-4-5-6-7-8-9-0.

Deux cents ans seulement, et l'on compte en années-lumière. Et nous ne faisons encore que balbutier.

Dépasser les lois, transgresser l'ordre établi ouvre la plupart du temps de nouvelles portes, permettant ainsi de grandes découvertes. Derrière une première porte, il y en a une autre, puis d'autres, toujours et encore ! Et cette aventure-là est la nôtre, elle permet de dire : « Ça vaut vraiment la peine d'être vécu, je vis une épopée passionnante où je peux tous les jours devenir plus intelligent. »

Le langage des nombres échappe aux conditionnements

Le propre de l'écriture est de fixer la parole. Celui du nombre d'exprimer la mesure des choses qui nous entourent et le déploiement du temps vers son infinitude. Les mots sont limités, finis. Les nombres sont illimités, infinis. D'un pays à un autre, nous ne parlons pas la même langue. Et même quand c'est le cas, nous pouvons donner plusieurs sens à un même mot. Nous pouvons mentir aux autres et à nous-mêmes. Le langage des nombres, lui, est universel : nous comptons à présent partout de la même façon, c'est devenu le langage commun de toute l'humanité.

Je me souviens d'un documentaire à la télévision montrant un jeune Japonais en cours : j'étais bien sûr totalement imperméable au message qu'il exprimait avec ses phrases écrites au tableau ; il se mit à aligner des nombres les uns derrière les autres, et je me trouvai soudain en terrain connu ; cette écriture m'était familière, identifiable.

Le langage-parole, celui des mots, traduit un savoir conditionné par notre éducation, notre culture, notre pays, le langage des nombres est hors conditionnement : à peine inventé, déjà, il nous dépasse, nous poussant toujours plus loin, plus haut… Il est la preuve de notre éternité.
Dès l'enfance, nous sommes bercés par les nombres. Ils sont omniprésents dans le langage courant, dans les fables, dans les contes, les chansons à la maternelle !
« Un, deux, trois nous irons au bois,
Quatre, cinq, six cueillir des cerises,
Sept, huit, neuf dans mon panier neuf,
Dix, onze, douze elles seront toutes rouges… »
Dans les contes, citons : le Petit Poucet et ses sept frères, les sept filles de l'ogre, les bottes de sept lieues ; Blanche-Neige et ses sept nains…
Dans les dictons et expressions populaires qui ponctuent nos phrases, les nombres expriment toujours une sagesse et un bon sens lumineux.
« Jamais deux sans trois. »
« Deux vérités valent mieux qu'une. »
« Il est habillé à la 6-4-2. »
« 22, v'là les flics. »
« J'en ai vu trente-six chandelles. »
« Je suis au 36e dessous. »
Le 36 n'a pas l'air très confortable…

Quand j'ai fait le pari de « traduire » les nombres, aucune certitude ne m'habitait : j'acceptais le risque de n'aboutir qu'à une impasse. Or j'utilise cette méthode depuis quinze ans maintenant, et je suis toujours surprise et émerveillée de la précision que les nombres apportent à la définition du langage de l'inconscient. Dès que nous quittons les chiffres, qui ne sont que des notes de musique, pour exprimer des nombres dépassant la centaine, c'est un véritable langage qui s'instaure, révélateur de la mélodie de notre inconscient. Ce langage s'apprend au même titre que l'anglais, l'allemand ou… le solfège : une fois traduit, nous sommes à même de savoir ce qui va ou ne va pas en nous, de découvrir nos portes ouvertes ou fermées et les moyens à notre disposition pour franchir les obstacles. Alors affleure à notre conscience toute la connaissance que nous avons au plus profond de nous.

Les nombres nous instruisent sur nous-mêmes et sur autrui

Apprendre le langage des nombres, c'est apprendre à s'écouter et à se comprendre. Mais c'est aussi, pour le thérapeute, développer l'écoute et l'entendement de l'autre, afin de lui restituer son propre message en langage courant. Quel raccourci formidable pour se remettre en selle et aider l'autre à trouver son propre véhicule !

Au départ, on ne sait pas ce que l'on exprime à travers les nombres. On a des pudeurs avec les mots, on triche, on se ment à soi-même et aux autres. Avec les nombres, c'est impossible, la définition est claire, exacte, précise ; on est im-

médiatement au cœur des problèmes et des solutions.
Dès lors, comment traduire et entendre le langage des nombres ?

2

La musique des nombres

Cette musique se compose de 22 notes : les 22 chiffres correspondant aux 22 lettres de l'alphabet hébraïque. L'alphabet est né il y a environ trois mille cinq cents ans.

Quand Moïse quitte l'Égypte avec son peuple, il emporte probablement dans l'arche d'alliance toute la connaissance de l'époque. En ces temps-là, science et conscience n'étaient pas séparés. C'est vers 900 avant Jésus-Christ que les peuples d'Israël et de Grèce rapprochent lettres et chiffres ; puis les 22 lettres phéniciennes se répandent. Les échanges commerciaux vont favoriser le développement de l'alphabet sur tout le pourtour méditerranéen. Peu à peu, les Occidentaux l'adopteront. L'ordre comme le nom des 22 lettres sera conservé et variera peu entre les Hébreux, les Syriens, les Araméens, les Grecs, les Étrusques ou encore les anciens Arabes. Si, au début, les lettres furent plus nombreuses, elles se réduisirent ensuite à 22 pour tous.

Les trois niveaux de perception de l'alphabet hébraïque

• *La lettre* : elle aboutit au nom. Elle s'adresse à la perception du *corps,* (l'intelligence intuitive).
• *Le symbole* : il parle à la perception émotionnelle et sensible, celle de l'*âme,* (l'intelligence affective).
• *Le chiffre* : il aboutit au nombre, renvoie à la perception rationnelle, à l'*esprit* objectif.

Corps, âme et esprit : ce sont les trois formes d'intelligence dont nous sommes dotés pour appréhender le monde. C'est donc à travers l'alphabet hébraïque que nous allons pouvoir donner un sens à la musique des nombres.
Ces nombres devront être exprimés spontanément par centaines au minimum, par milliers pour les plus gourmands. Ce chiffre est une note mélodique, laquelle se combinant à d'autres aboutit à la partition des nombres. Nous allons ainsi entrer dans une véritable grammaire, structurée de façon redoutablement précise – tellement précise, même, qu'elle ne nous permettra pas de dévier d'un cheveu dans la recherche du sens juste !

En hébreu, *séphir* = livre = nombre. Ainsi la connaissance se déploie le long de l'arbre des séphiroth. Cet arbre figure avec ses 7 branches les 7 jours de la Création (7 périodes), ainsi que les trois niveaux figurant les trois plans de perception du corps, de l'âme et de l'esprit.

C'est à travers ces trois plans que sont invitées à passer toutes nos expériences.

	Le Cosmique 4 La Couronne	
3 Compréhension	8 Esprit humain	5 Sagesse
Comprendre		Échange/ communication
2 Rigueur	9 Âme	6 Compassion
Apprendre		Amour
1 Créer, réverbérer comme en haut	10 Corps	7 Éternité, profiter de ce qu'on a créé.
Entreprendre	Matière Malkout	Se reposer

Ces dix séphiroth sont en interaction perpétuelle !

Le peuple juif est le seul à nous avoir transmis intacte « la loi », la règle du jeu de notre vie. Il est aussi le seul à avoir proposé une règle *mobile* – les autres recettes sont toujours statiques, dogmatiques, figées dans l'impossibilité de les moduler. Ils nous est ici proposé de les interpréter à travers notre propre identité : l'alphabet hébraïque est le livre de la loi contenant toute la sagesse du monde.

Les neuf premières lettres correspondent aux unités :

Aleph	Beith	Guimel	Daleth	Hé	Vav	Zayin	Het	Teth
A	B	C	D	E	F	G	H	I
1	**2**	**3**	**4**	**5**	**6**	**7**	**8**	**9**

Les neuf suivantes correspondent aux dizaines :

Yod	Kaf	Lamed	Mem	Noun	Samekh	Ayin	Pé	Tsadé
I	K	L	M	N	X, S	O	P	Ts
10	**20**	**30**	**40**	**50**	**60**	**70**	**80**	**90**

Les quatre dernières aux centaines :

Qof	Reich	Chin	Tav
Kh	R	Sh	T
100	**200**	**300**	**400**

Le sens des chiffres est modifié suivant leur emplacement : à gauche, au milieu ou à droite. Par exemple, le 4 n'aura pas la même signification dans les différents nombres :

43, 64, 475, 3 645, 10 644

Si on ne se sert des nombres que pour compter, en occultant leur dimension symbolique, on reste dans la science sans la connaissance.

L'arbre des séphiroth et l'alphabet hébraïque se conjuguent pour nous ouvrir les portes de la connaissance. Comme les branches de cet arbre des séphiroth, ce que l'on appelle Dieu ou l'Esprit cosmique est perpétuellement en mouvement, en création à travers nous. Nous sommes responsables de sa création ! Chacune de nos cellules, chaque particule de vie est pétrie de divinité. À nous de faire éclater ces minuscules cellules de conscience enfouies en nous, et de les propulser aux confins de l'Univers ! Car l'Univers est en interaction permanente avec nous.

Nous avons le droit de nous tromper, de tomber et le devoir de nous relever, de nous remettre indéfiniment en question comme de remettre en question l'idée de Dieu. C'est là le seul moyen de la garder vivante : une idée fixée est une idée morte, un dieu fixé n'est qu'un dieu mort.

La plupart d'entre nous se perdent dans la recherche de la forme originelle. Chaque mot est tabou et doit être pris au pied de la lettre au risque de se fossiliser. Combien s'interdisent toute souplesse de l'esprit... Préférons nos doutes à nos certitudes ! Acceptons notre ignorance.

Un verre plein ne peut plus rien contenir, un verre qui s'accepte vide est prêt à être rempli. Vidons joyeusement nos verres pleins de conditionnement, de culture, apprenons à désapprendre afin de recevoir !

Mettons toute notre énergie à répondre « présent ! » à la vie. Aujourd'hui est le résultat de ce que j'ai fait hier et la possibilité de construire demain. Le passé, c'est le temps ; le futur, c'est le temps ; le présent, c'est l'éternité. Tout regard en arrière est sclérosant. La Bible, la mythologie, la sagesse populaire nous mettent en garde. On le sait depuis Sodome et Gomorrhe : se tourner en arrière transforme en statue de sel. De même, Orphée descendant aux enfers pour retrouver Eurydice a l'interdiction de se retourner, au risque de la perdre. Et un dicton arabe ne dit-il pas : « Tourne-toi en arrière et tu te transformeras en pierre. » Et pourtant... Les psys nous poussent à aller fouiller dans les poubelles du passé, dans ce qui est mort, révolu. Si nous voulons avancer vers notre paradis terrestre, nous devons faire notre vie avec les outils actuels ; un pas, un seul pas, et la vie en fera dix vers nous. Il n'y a, dit-on, que le premier pas qui coûte ; mais il est en avant, pas en arrière.

On ne crée pas à reculons. Ce qui est fini est fini. Aller chercher la barboteuse de notre enfance, tourner autour de blessures anciennes ne peut pas nous guérir. Je me souviens, lors d'un séminaire *new age*, d'avoir discuté avec une jeune Montpelliéraine qui sortait d'une séance de « cri primal » (tout un programme !) : « Eh bé, exprima-t-elle avec plein de soleil dans la voix, je suis arrivée avec une petite égratignure et je me retrouve avec la plaie sur tout le bras. » J'ai éclaté de rire, ravie de ce bon sens qui allait la préserver d'influences négatives.
On nous a parlé d'un paradis terrestre, non d'un paradis céleste. Le but de l'incarnation n'est-il pas de le créer pour en jouir ? Un arbre ne peut atteindre sa plénitude d'arbre (les feuilles et le fruit) qu'en s'enracinant profondément dans l'humus, pour développer ensuite

son tronc puissant. Alors bien planté dans cette bonne vieille terre, il pourra joyeusement étaler ses branches et donner des fruits. La vraie spiritualité ne peut être que le résultat d'une incarnation bien vécue. Et cet arbre ne se lamentera pas sur ses feuilles perdues à la fin de l'automne. Il n'essaiera pas de récupérer ce qui a pourri à ses pieds. C'est l'humus en décomposition qui deviendra le ferment de sa prochaine floraison.

Le premier livre de connaissance est la *nature,* et tout est régi par la même loi. Les leçons qu'elle donne sont évidentes de bons sens. Tout enseignement s'éloignant de la loi d'*incarnation* est nul et non advenu.

La loi de la vie

La loi de la vie, selon l'arbre des séphiroth, c'est d'abord la loi d'incarnation. Il n'y a pas de développement possible sans incarnation. La *spiritualité* est le résultat d'une incarnation bien vécue.

La loi d'évolution

Tout ce qui existe tend vers la beauté et la conscience (la nature nous donne l'exemple), mais ce n'est qu'une fois nos fondations solidement ancrées au sol que nous pouvons nous risquer à élargir notre paysage et à nous lancer dans la grande aventure cosmique. Notre énergie peut alors tendre vers la conscience de ce qui nous entoure. Nous nous sommes en un premier temps repliés au sein de notre propre tronc, qui doit s'affermir, pour nous assurer de notre identité, de notre place, de notre individualité. C'est à l'issue de ce repli que nous pouvons déployer branches et feuillages. Alors, alors seulement, il nous sera possible d'échanger, de communiquer en mêlant nos perceptions au soleil, au vent et aux agressions extérieures, d'élargir notre conscience sans risque d'influence et de nous ouvrir aux joies et ravissements extérieurs – ou aux difficultés à dépasser.

La Kabbale n'était enseignée qu'aux adultes ayant déjà construit leur vie, aux adultes déjà bien « incarnés ». Pas question d'ouvrir la conscience vers la spiritualité sans être déjà solidement planté dans la réalité. Ce n'est qu'à ce prix que nous pouvons donner fleurs et fruits.

Cette loi d'évolution conjugue :
– la *loi de verticalité*, qui va de la *Terre* au *Ciel* ;
– la *loi d'horizontalité* qui va d'*Être* à *Faire*.

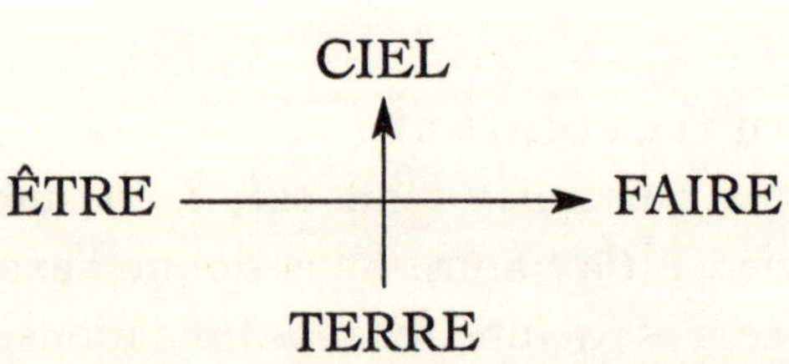

• **Horizontalité** : nous avons à *Faire* avec ce que nous avons reçu, à développer ce que nous sommes. Et, bien incarnés, nous avons alors a déplier nos ailes pour monter vers notre intelligence cosmique, développer notre verticalité.

Pas question d'*Être* sans *Faire*, d'être pleins de dons, de richesses, et de les laisser dormir ! Et pas question non plus d'être toujours dans l'action, dans le *Faire*, en laissant derrière nous ces dons, ces richesses. Nous devons développer tout ce que nous avons reçu. Nous agiter dans des activités ne correspondant pas à nos souhaits, à notre gourmandise, ne peut que nous laisser désemparés, malheureux, sur le bord du chemin. Ne restons pas non plus dans un cocon toute notre vie, spectateurs, sans donner aucune impulsion personnelle à notre histoire. Ne laissons pas défiler le film de notre vie sans aucune implication. Il fait beau ? Tant mieux ! Qu'il pleuve ou que l'orage gronde, alors nous courbons l'échine, sans résistance, accablés par le destin sans avoir compris que ce bateau de la vie peut être dirigé par un capitaine. Deux marins dans la même tempête peuvent agir bien différemment. L'un, apeuré, laisse les voiles déployées et le bateau à lui-même, subissant les éléments : il ira s'écraser contre les rochers. L'autre baisse les voiles, arrête le moteur et tranquillement raccommode ses filets pour la pêche du lendemain : il passe gaillardement l'épreuve. Du premier, les gens diront : « Le pauvre, c'était son destin, il ne pouvait rien faire. » Il s'est soumis à son destin. L'autre à *compris* ce qui il fallait faire et a usé de son libre arbitre.

Et, justement, c'est bien de libre arbitre qu'il est question. Au départ, les possibilités de le développer sont plutôt minces ; mais plus nous devenons conscients, plus nous élargissons nos possibilités de liberté. Cette aventure difficile et merveilleuse ne nous est-elle pas donnée précisément pour que nous devenions de plus en plus libres, de plus en plus créatifs ? Inventifs et… divins ! Ce n'est sûrement pas en voulant échapper à tout prix aux réalités de notre incarnation que nous pouvons y parvenir, mais en mettant toute notre énergie vers la recherche de la transcendance. De même, aussi vrai qu'on n'a jamais vu un arbre pousser dans les nuages, si nous nous amputons de la Terre pour consacrer notre énergie exclusivement à notre côte Ciel, la chute sera rude.

• **Verticalité** : pas de Ciel sans la Terre ! Mieux vaut la Terre sans le Ciel, car, alors, tout est encore possible, puisque le premier pas consiste à être bien incarné… Le paysan le sait, lui qui va planter les graines de son arbre et l'arroser. Il sait, confiant que le sol fera son boulot et lui restituera l'arbre.

La loi des quatre éléments

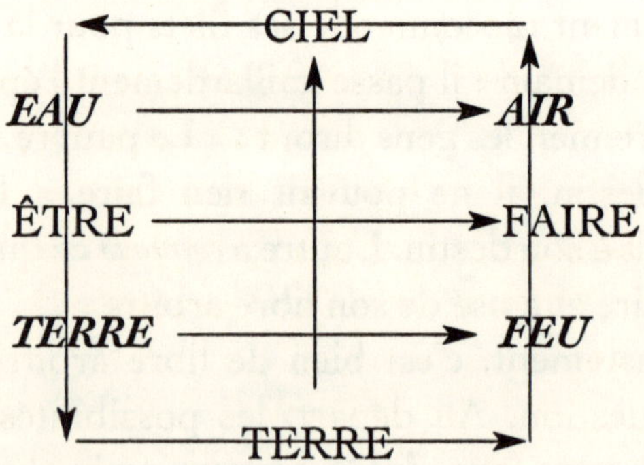

Terre – Feu – Air – Eau

La graine mûrit d'abord dans la terre. L'énergie amassée pousse tige et tronc vers l'extérieur. Les branches et les feuilles se gorgent alors d'oxygène, d'air, et l'arbre devenu adulte peut donner ses fruits.
Comme dans la nature, c'est dans ce sens que notre histoire fonctionne, pas autrement.

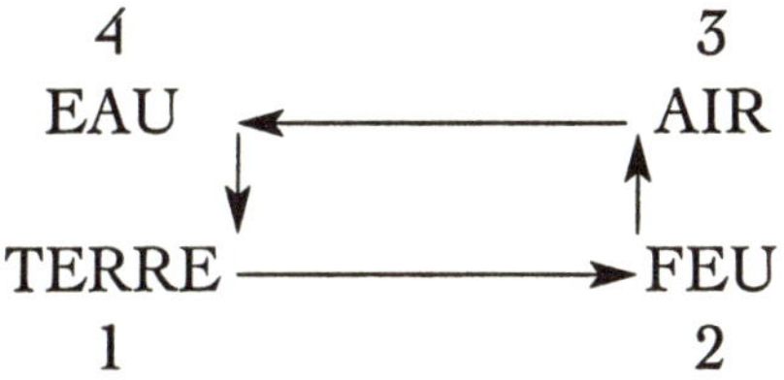

Ces quatre éléments sont à la fois réels et symboliques.

• **Réels** : il suffirait qu'un seul élément manque et la vie n'existerait pas : sans matière (Terre), rien ne peut pousser. Sans énergie, sans chaleur, sans lumière, tout n'est que glace (Feu). Sans Air, rien ne respire. Sans Eau, c'est le désert. Un seul élément vient à manquer, et la vie est absente.
• **Symboliques** : nous venons au monde au milieu de ces quatre éléments.
– La Terre : notre terrain, nos acquis, nos richesses, nos origines (famille, pays), notre culture, notre éducation. La Terre régit le corps, l'argent, etc.
– Le Feu : notre énergie, nos possibilités d'action, notre travail, notre sexualité.
– L'Air : notre esprit, notre intelligence et tout

ce qui en découle : communication, échanges, paroles, écrits, etc.

– L'Eau : nos affects, notre vocation, nos émotions, l'amour, etc.

Il suffit qu'un seul élément soit en souffrance pour qu'il déteigne sur les autres, qui en subiront les conséquences ! Ainsi, par exemple, un garçon élevé dans les jupes de sa mère sera trop couvé (dysfonctionnement de son pôle Terre) ; il rencontrera des difficultés dans son insertion sociale, dans sa sexualité (Feu), dans son raisonnement, sa communication avec les autres (Air) et dans ses amours (Eau).

Il est donc essentiel de trouver un équilibre au milieu de cette distribution des quatre éléments. Le déséquilibre peut venir du *trop*, ou du *pas assez*. Dans les deux cas, cela aboutira aux mêmes difficultés, aux mêmes échecs.

Le secret de la guérison et du « mieux être » passe par nos portes ouvertes, par nos facilités et nos dons. C'est en valorisant ce qui nous est le plus facile que nous pouvons nous dégager de nos difficultés.

Je donne souvent l'exemple de quelqu'un devant absolument entrer dans un château. La porte principale est fermée. Que peut-il faire ? Certains vont se battre contre cette porte, dépenser une énergie formidable pour essayer de la forcer et, devant l'échec, s'écrouler, désespérés. D'autres vont se coucher devant, subissant une situation qui leur semble insoluble. Le plus malin va comprendre que l'important, c'est d'entrer, d'être à l'intérieur : il délaissera la

porte principale, tournera autour de la maison en quête d'une autre ouverture – fenêtre, cheminée – et trouvera alors la solution la plus facile pour pénétrer dans le royaume, au cœur de lui-même. Une fois à l'intérieur, il pourra ouvrir toutes les portes.
Le but n'est pas de s'échiner à forcer les portes fermées. C'est de se trouver au cœur de soi pour rayonner vers l'extérieur, à partir de son noyau, de son propre centre.

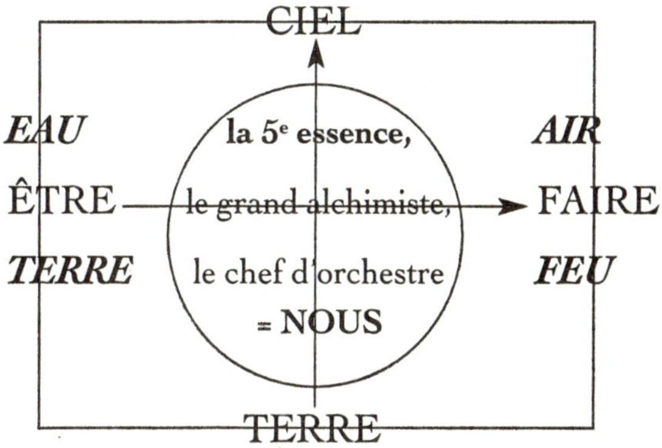

Comme dans la nature, où la graine cherche d'abord le sol, la Terre est le premier élément à considérer. Ensuite, comme la tige sort du sol pour devenir tronc, l'énergie, le Feu, va nous permettre d'utiliser nos acquis pour en Faire quelque chose. Tout comme se déploient branches et feuillages, l'action va nous permettre de nous mettre en relation avec les autres, nous faire passer par la communication idées et projets. Puis l'arbre fleurit et donne les fruits : nous pouvons alors goûter au plaisir d'être en harmonie avec nous-mêmes et en amour avec les autres. Nous pouvons donner libre cours à nos vocations, à nos joies.

Et nous, la Cinquième essence (la Quintessence), nous l'alchimiste, le chef d'orchestre, nous sommes seuls à pouvoir trouver nos ouvertures. Derrière les remparts, ce « royaume » intérieur que nous avons à pénétrer. La porte est fermée à double tour ? Scellée par tous les conditionnements subis, par nos souffrances, nos échecs, nos peurs, nos lâchetés ? Que faire ? Se battre contre l'obstacle, s'acharner ? Y perdre son temps et ses forces, renoncer, se coucher devant ? Se laisser dépérir ? Nous allons apprendre à ruser, à tourner autour du « bâtiment » (nous-mêmes) et dénicher la brèche, l'ouverture, le souterrain, qu'importe ! L'important, c'est de se trouver, de trouver ce diamant de connaissance qui habite tout un chacun et sans lequel nous sommes la proie des donneurs de leçons, des gourous, de tous ceux qui, avides de pouvoir, veulent nous enrôler dans leurs propres certitudes…

Il n'y a qu'une certitude : c'est le *je,* ce petit *je* qui doit enfler, grossir, pour s'imposer à soi-même d'abord et servir de bouclier aux influences extérieures. Nous pouvons grandir en conscience et en amour in-dé-fi-ni-ment, c'est la belle aventure que la vie nous offre.

La loi trinitaire

Cette loi articule les 22 lettres de l'alphabet hébraïque, symboles et chiffres porteurs de la loi de la vie sur trois plans : corps, âme, esprit.

22 TAV							
Esprit	15 SAMEKH	16 AYIN	17 PÉ	18 TSADÉ	19 QOF	20 REISH	21 CHIN
Âme	8 HETH	9 TETH	10 YOD	11 KAF	12 LAMED	13 MEM	14 NOUN
Corps	1 ALEPH	2 BEITH	3 GUIMEL	4 DALETH	5 HÉ	6 VAV	7 ZAYIN

Aleph = A = 1, principe masculin.
Beith = B = 2, principe féminin.

Les deux engendrent les 22 lettres, les 22 nombres artisans de la création du monde.
La somme de toutes ses lettres-nombres est 231. Nous avons ainsi 231 portes pour entrer dans la compréhension du monde, et nous verrons plus loin, en traduisant le sens des nombres s'articulant avec plusieurs *chiffres-lettres*, ce que veut dire 231. Chaque chiffre est une note de musique, une lettre, un chiffre. Chaque nombre est une *musique*, un mot, une expression.

3

La gamme des 22 chiffres, lettres et symboles

Les chiffres et l'inconscient collectif

Dans un jeu de cartes ordinaires, la somme de toutes les cartes chiffrées est de 365, le nombre de jours d'une année, et le jeu est composé de 52 cartes correspondant aux 52 semaines de l'année. Le jeu de cartes ordinaire a donc des correspondances avec notre distribution du temps, qui régit la Création. En additionnant les 22 *lettres-chiffres-symboles*, la somme obtenue est 231. Cela a une signification précise :
– 2 (cent) : le 2 est dans Être, *à gauche*.
– 31 est *à droite*, dans Faire.
– Dans 231, on a 2 + 3 + 1 = 6, et le 6 est symbole du sixième jour de la Création, de la perfection, de l'amour, du but de tout voyage : le paradis terrestre.
– 6 : ce 6 est formé d'un 2 dans Être ; le 2 est insuffisant (« jamais 2 sans 3 »).
– 2/4 : appelle le 3 ; ici, le 3 ne peut venir que par le 4, symbole de la Terre.
– 3/1 : les Anciens pensaient que la terre était carrée (4 points cardinaux, 4 éléments).

Le 6 = l'amour universel, mais il n'a pas encore trouvé le moyen de se vivre : il est actuellement dans le 2 et n'a pas encore pris racine à droite, sur le devenir ; il va le faire par le 4 : la Terre, l'incarnation, qui va lui permettre de se déployer dans le 3 + 1. Or, le 3, c'est naître dans un renouveau. Mais commençons par le départ : voyons la symbolique du 1.

Le chiffre 1

Nombre divin par excellence, essence fondamentale des êtres et des choses. Le 1 s'écrit de la même façon dans toutes les langues, c'est le nombre de la création de l'énergie, de l'action. 1, tel un homme debout, une pierre levée, un phallus en érection, représentation déjà retrouvée chez les Égyptiens.

La quête de l'unité est la base de tout mysticisme. Adam est androgyne, il est à la fois homme et femme, 1. Dépasser la multiplicité, c'est échapper à la manifestation pour revenir à la vérité ultime du principe fondamental. On part du 1 pour se déployer dans le « tout est possible », pour revenir au 1 de l'unité primale.

Le chiffre 2

Le 2 est le premier chiffre à s'écarter de l'unité. Il symbolise toutes les oppositions, il permet la vie : inspire/expire, ciel/terre, nuit/jour... Le 2, ce sont les 2 colonnes du Temple, de la maison-Dieu, le complément terrestre de Dieu.

1 ajouté au 2 = 3 ou 12. Dieu et la Création, sa maison habitée par lui. C'est le seul nombre qui

permet la progression quittant l'unité des certitudes figées, c'est un nombre qui prend le risque du dédoublement, de la division. On retrouve 2 serpents autour du caducée, du bâton de Mercure. Le 2 indique le principe féminin permettant la naissance du 3 et de tous les nombres pairs féminins également. Ce sont le conflit et la division qui permettent l'évolution et la multiplication, l'entrée dans la création et dans le temps.

Le chiffre 3

Le 3 est l'expansion du 2. Le 3 est le « 1 en 3 » perceptions, le mystère de la trinité. C'est grâce au 3 que l'on échappe à la division, à la dualité aussi : j'inspire, j'expire, je respire ! Le 3 se manifeste verticalement et horizontalement : passé, présent, avenir/naissance, vie, mort/enfer, terre, ciel/ racines, tronc, feuilles/corps, âme, esprit etc.
« Les 3 tentations du Christ » (faim, orgueil, pouvoir). Le 3 a un caractère sacré, il structure :
– l'espace (3 dimensions) ;
– le temps (passé, présent, futur) ;
– l'action (début, milieu, fin) ;
– la famille (père, mère, enfant) ;
– le raisonnement (thèse, antithèse, synthèse) ;
– l'histoire individuelle (naître, vivre, mourir) ;
– l'histoire du monde (création, développement, apocalypse) ;
– la Kabbale (couronne, sagesse, intelligence) ;
– dans la Gnose (esprit, verbe, sagesse) ;

– dans la Bible (père, fils, saint esprit) ;
– trois états de matière (liquide, solide, gazeux).

Le chiffre 4

Le 4 est le symbole de la Terre, de la stabilité, de la solidité, les bases et les fondations. Le 4 représente la matière. C'est l'horizontal (devant, derrière, droite, gauche), ce sont les 4 points cardinaux, les 4 filins du Ciel ; les 4 saisons, les 4 parties du monde, les 4 évangiles :

	Matthieu,	l'Ange,	Isaïe	
Les 4 évangélistes	Marc,	le Lion,	Daniel	Les 4 prophètes
	Luc,	le Bœuf,	Jérémie	
	Jean,	l'Aigle,	Ezéchiel	

Mais aussi : carrefour, écarquiller, écart, écarteler, équarrir, équerre, incartade, quadragénaire, quadrille, quadriller, quart, quarté, quartier.

Le chiffre 5

Le chiffre de l'homme : le 5 résume le monde des sens (5 sens), les 5 doigts de la main qui nous servent à appréhender le monde. Le 5 est le symbole de l'humain : deux jambes, deux bras et une tête. L'étoile à 5 branches. Le 5 est la traduction humaine de la parole divine, 1 + 4 = 5, le 1, l'unité divine, s'additionnant au 4 de la Terre. Les 5 livres de Moïse expriment la parole divine des dix commandements.

Le chiffre 6

Le 6 se rapproche de la perfection (la somme des diviseurs est égale à leur produit : 1 x 2 x 3 = 6,

1 + 2 + 3 = 6). Les 6 jours de la création du monde, mais il manque le septième. Les 6 jours temporels représentent le temps humain, le septième jour étant divin. Dans l'Apocalypse, ce sont les 6 premiers sceaux qui amènent à la fin du monde. 666 représente le nombre de la bête (diable, passage obligé par la matière, gardien du paradis. C'est notre peur d'incarnation qui nous donne cette crainte de l'accepter, c'est l'autre face d'une même médaille). Salomon reçoit 666 talents d'or, il y a 6 marches qui mènent à son trône, 6 nations lui fournissent des épouses. 6, c'est l'hexagramme, l'étoile à 6 branches, où le triangle du bas s'unit au triangle du haut, enfin, n'oublions pas, le 6 est le symbole de l'amour.

Le chiffre *7*

Dès l'Antiquité, le *7* a eu une importance considérable tant en Égypte qu'en Israël ou en Mésopotamie. Le *7* ne peut se diviser que par lui-même et 1. Il est donc considéré comme sacré, c'est un chiffre « archi-premier ». Il est le premier chiffre à ne pas s'inscrire dans le cercle euclidien ; ainsi, l'heptagone ne peut être construit dans un cercle de 360° comme le triangle ou le pentagone (22 polygones).

Le *7* vient accréditer la théorie de l'harmonie céleste : 1 + 2 + 3 + 4 + 5 + 6 + *7* = 28, les 28 jours lunaires. Il symbolise l'union entre le Ciel et la Terre : 3 + 4 = *7*. Il représente le chiffre de la semaine, les *7* jours. Les *7* astres visibles à l'œil nu. Les *7* notes de la gamme. Le *7* vient compléter l'œuvre des 6 jours de la création divine.

Salomon a construit son temple en 7 ans. Dans les écritures, on retrouve : les 7 églises, les 7 étoiles, les 7 chandeliers, les 7 sceaux, les 7 fléaux, les 7 anges, les 7 têtes de dragon, les 7 coupes, les 7 montagnes…
Mais aussi : l'arc-en-ciel a 7 couleurs : rouge, orange, jaune, vert, bleu, indigo, et violet.
Le tarot a 7 couleurs porteuses de symboles : vert, bleu, rouge, blanc, noir, chair, jaune.
Les 7 merveilles du monde : les pyramides de Guizeh, le phare d'Alexandrie, les jardins suspendus de Babylone, l'Artémision d'Éphèse, le mausolée d'Halicarnasse, le Zeus d'Olympie, le colosse de Rhodes.

Le chiffre 8

Chiffre de l'infini, mouvement perpétuel entre le monde d'en haut et le monde d'en bas (Ciel-Terre) ; respiration alternative entre les contraires.
8, 8, le 6 et le 9 s'unissent dans le 8 pour créer le mouvement perpétuel, l'infini, interaction entre Ciel/Terre, Dieu/Diable, inspire/expire. Équilibre des deux mondes nécessaire pour créer la vie infinie.

Le chiffre 9

Inversion de la perfection, notion du fini, du temps qui nous est imparti : le 6 s'ouvre vers la droite, vers le devenir, formant le cercle infini. La « queue » du 6 remonte côté Ciel. Le 9 part du cercle pour descendre vers la matière, la Terre, le fini.
Le 6 est l'aboutissement, symbole d'amour, de

perfection, de création. Le 9 est le temps imparti, le cosmos descendant dans la matière finie.

Le chiffre 10

C'est le 1 renouvelé, le 1 en évolution, en marche vers la perfection symbolisée par le 0. Le 0 est ce qui est à créer, non plus en interaction entre Ciel et Terre, mais le but ultime. Les deux chiffres se fondent en un seul mouvement, tournant autour sur eux. La Création arrive alors à son but, sa raison d'être : l'unité totale. Dans cette roue ayant trouvé la respiration, l'alternance de l'infini, « expire » n'est plus nécessaire ; vie/mort, homme/femme, nuit/jour n'ont plus lieu d'être. La Création est arrivée au chef-d'œuvre ; l'alchimie cosmique a atteint son but. Nous n'utilisons que 4 % des possibilités de notre cerveau, qui est conçu pour contenir 96 fois plus d'intelligence. Il est bien difficile d'apprendre clairement le but de cette immense épopée… Confusément pourtant, nous sentons que notre histoire a un plus, et que notre seul moyen de l'approcher un peu, c'est d'être à fond le petit je suis pour frôler le grand Je suis. Répondre présent à la vie, quel que soit ses difficultés est le seul moyen de ne pas descendre du train cosmique.

Nombres, idéogrammes et symboles hébreux

Le 1 est source de Tout : tout découle du Un. Le Un se met en marche, et l'Univers se met en place.

« Le Un poursuit Mille », Deuntéronome (32-30).
Si le grand Un primal poursuit l'ambition de développer la pluralité, notre petit *« un » personnel ne peut que poursuivre le désir de pousser le plus loin possible son identité vers des horizons de plus en plus larges de conscience et d'amour.*
Le Un quitte l'*inconscience* infinie pour développer la *conscience* infinie.
Le A : le 1, puissance originelle partant à la découverte de tous les possibles.

L'innommable, hors du temps et de l'espace, libère une énergie de lumière créatrice de toutes choses – lumière et ténèbres se conjuguant pour pousser la Création vers l'innommable et revenir à elle-même avec la multitude d'expériences acquises. On part du *un* inconscient pour revenir vers le *un* conscient.

Ces 22 lettres sont fondatrices des 7 jours de la Création *(22 divisé par 7 = le nombre d'or, 3,14).*

15	16	17	18	19	20	21	
8	9	10	11	12	13	14	**22**
1	2	3	4	5	6	7	

L'alphabet, pilier de la musique universelle

Nous sommes chacun une note de musique essentielle à l'harmonie de l'ensemble.
Le A, le 1, n'a-t-il pas jailli d'un paradis de l'in-

conscience se divisant, se multipliant en des milliards d'yeux, de mains, de perceptions particulières pour se ramener à lui-même la Connaissance ?

Chaque lettre correspond à un nombre et à symbole.

« Il y a 22 sortes d'émanations de forces vitales distinctes l'une de l'autre,
par lesquelles tous les mondes supérieurs et inférieurs furent créés.
Car il décida par sa volonté et sa sagesse de créer le monde au moyen de
22 sortes d'émanations, ni plus ni moins...
Les lettres de la parole et de la pensée dans l'âme humaine sont aussi
des flux de l'essence de l'Etre, de l'intellect et des émotions...
Chaque lettre est force vitale et puissance particulière et individuelle »

(De Shaar hayih' ou de Vehaemounah ;
chapitres XI et XII)

Aleph, devenu A = 1

Idéogramme d'origine : 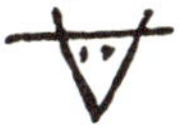
(tête de taureau)

Il est puissance, énergie primordiale, individualité. Le 1 est immuable et ne peut se manifester que par la multiplicité. Il est éternel. Il contient tout, et tout vient de lui. Le 1 comme début, commencement.

Un : tout est possible.

Il est à la fois pair et impair, puisqu'il contient tout le possible des nombres. Origine de tout, il est à la fois Un et Tout. Il est le champ du possible et du devenir. Carlo Suarez, dans *La Bible restituée*, écrivait :

« Aleph est toujours lui-même et jamais lui-même.
Aleph crée, il est création. Il n'est pas créé et,
pourtant, il existe.
Il n'a pas de mémoire n'ayant pas de passé,
il n'a pas de but n'ayant pas de futur.
Sans Aleph il n'y aurait rien du tout. »

Mais le Un primal ne peut se reconnaître qu'en se divisant lui-même, telle la cellule qui se divise en deux avant de se multiplier. L'unité primale se divise pour se multiplier indéfiniment, afin de se reconnaître à travers son œuvre.

Beth, devenu B = 2

Idéogramme d'origine : 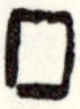
(maison)

Il est issu de la séparation du 1. C'est le début de la Création : le Ciel d'un côté, la Terre de l'autre. Les deux faces d'une même médaille : le bien/le mal, le jour/la nuit, le yin (féminin)/le yang (masculin). Nous verrons plus loin que toute opposition est créatrice de vie.

Son symbole est celui de la maison : maison de l'homme, maison de Dieu (l'incarnation, la création), maison intérieure : nous contenons la lumière (ce diamant de connaissance en chacun de nous).

Si l'Aleph, le A, le 1 est la création, le Beth est la création arrivant par la division du 1.

Souvenons-nous : « Dieu à fait l'homme à son image. » Dieu a eu besoin de sa création pour pouvoir se reconnaître ; puis il sépare la lumière des ténèbres.

L'opposition, la dualité est un élément nécessaire, essentiel pour la vie. En effet, inspirer/expirer ne sont-ils pas les deux temps d'un même mouvement ? La respiration, source de vie, n'est pas possible sans ce côté binaire. Il n'y a pas de vie si la nuit seule expire, tout comme il n'y a pas de vie si seul le jour inspire. Toute vie est dualité : féminin (2) + masculin (1) = naissance, créativité : le 3. Même aujourd'hui, le système du monde est binaire (comme en informatique !). Le 2 permet l'étude de la loi de l'univers, le recul nécessaire, en quelque sorte, pour se faire.

Le 2 : réunion ou séparation, union ou dualité. La dualité est intrinsèque à la vie – connaissance/méconnaissance. Une partie est secrète, l'autre est rebellée entre inconscient/conscient. Le 2 signifie la respiration nécessaire entre le connu et l'inconnu pour grandir en conscience et ouvrir peu à peu les portes des lois de la vie.

Guimel devenu C = 3

Idéogramme d'origine : 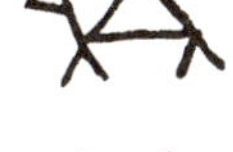
(chameau)

Symbole du « Tout est réuni », fusion entre deux forces différentes 1 + 2 = 3. Le 3 est « le moule de la matière », la femme enceinte, l'homme porteur de projets, les idées, la création, la conception – expression de l'esprit. Le 3 exprime le « faire mûrir », la gestation, l'accouchement des richesses.

En somme, le 3 = créer, faire naître, multiplier. Ce chiffre est le symbole de l'intelligence trinitaire : un en trois perceptions – corps, âme, esprit. Si le 2 divise, le 3 multiplie.
Nous ne pouvons « comprendre » qu'avec cette intelligence à la fois du corps, de l'âme et de l'esprit, avec cette perception trinitaire du monde. Ce mystère d'être un en trois perceptions nous ouvre la porte d'un paradis terrestre, jadis d'un paradis mystique. Chaque fois que notre appréhension de ce qui nous entoure se fait dans l'harmonie, dans l'unité de ces trois approches, nous sommes au cœur d'une vérité ultime. Le 3 nous apporte une complétude. Mais, à peine entrevue, tel un éclair, elle disparaît. C'est que nous sommes encore dans la recherche, le questionnement.

Daleth devenu D = 4

Idéogramme d'origine : 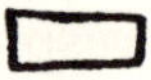
(porte)
Ce chiffre a pour symbole celui de la porte du monde, et la porte est l'incarnation, la création, la matière. Il est symbole d'humilité dans le sens de humus : terre – humble. Les paysans sont les humbles, ceux qui s'occupent de la terre.
Il est amusant de penser que les Anciens croyaient que la Terre était carrée (d'où les 4 éléments Terre, Feu, Air, Eau et les 4 points cardinaux).
Le 4 dit « prendre place, prendre *sa* place » sur tous les plans : physique (la matière, le corps, la

santé), mais aussi financier. Avec le 4, l'esprit s'incarne dans la nature, c'est l'univers matériel.
Certes, le 4 nous « encadre », nous limite, mais il nous protège. C'est cette terre, cette incarnation qui nous nourrit et nous fait grandir. Il nous permet de prendre racine avant de développer l'esprit. Le 4 nous stabilise et nous fait cadeau de l'intelligence du corps, du bon sens.

Hé, devenu E = 5

Idéogramme d'origine :
(homme en prière, souffle)

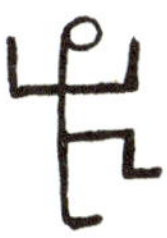

Le 5 est le cri, l'appel, la parole. C'est la communication, l'ouverture (la fenêtre dans la lumière), « le souffle de la parole créatrice ».
La prière, c'est tendre vers la source, lien entre la Terre et le Ciel.
Le 5 est le nombre de l'homme : 5 doigts à chaque main et à chaque pied, l'être humain est fait de 5 éléments : 2 jambes, 2 bras et 1 tête comme outil de communication. Par ailleurs, l'étoile de l'homme a 5 branches.

Vav, devenu F, U, V, W = 6

Idéogramme d'origine : (phallus, lien permettant la jonction avec la femme)

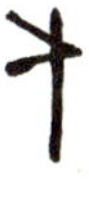

Sa représentation était celle d'un clou, d'un crochet. Il est le symbole d'unir, de lier : « Il était, il est, il sera. » Quoi ? La création, l'amour, l'union, la fécondation... Désir, harmonie, entre le créateur et sa création par les liens de l'amour.

Dans l'étoile à 6 branches, le triangle du haut s'unit à celui du bas. Ciel et Terre se marient dans une union indissoluble.

Le 6e jour de la Création a marqué la fin de l'union entre le Ciel et la Terre. Union entre féminin/masculin, plaisir/satisfaction, accomplissement/joie – amour. C'est notre but, notre chemin vers la perfection, la beauté.

Zayin, devenu Z puis G = 7

Idéogramme d'origine : 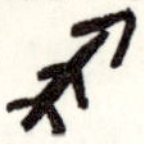
(arme, puissance)
Dans un premier temps, le *7* fut le Z, avant que les Romains ne le relèguent à la dernière place, le remplaçant par la lettre G.
C'est une lettre de force et puissance, en opposition ou en victoire (guerre ou pacifisme) : avec le Zayin, on est « armé ».
Le nombre *7* est considéré comme sacré, il symbolise le *7*e jour de la Création, les *7* jours de la semaine : le *7*, c'est l'accomplissement. « Le septième jour, Dieu se reposa. »
Le 6e, la perfection était créée ; le *7*e jour, la *7*e période, la Création profite de ce qui a été accompli. Le *7* est un nombre parfait, indivisible.
Ce nombre symbolise qu'on est armé, on n'est pas à pied. Même si l'incarnation à ses souffrances, ses difficultés, c'est le seul outil pour atteindre la perfection. C'est à travers elle et uniquement grâce à elle que nous pouvons passer à travers les portes de nos cinq sens largement

ouverts, devenir des « corps glorieux », c'est-à-dire pétris d'esprit et devenant immortels.

Heth, devenu H = 8

Idéogramme d'origine :
(clôture, loi)

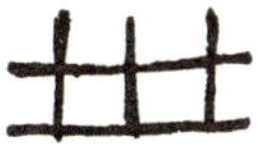

Cet idéogramme est le symbole de la barrière qui peut canaliser la puissance des taureaux (Aleph). La barrière de la loi est faite pour canaliser les énergies et pour la dépasser, la transgresser. Nous avons à dépasser « les limites » pour atteindre le plus haut niveau de conscience. Celui qui reste prisonnier, enfermé par la rigueur des lois, ne pourra pousser son énergie pour se construire, se parfaire, devenir libre et divin. « Parce que nous sommes créés, nous sommes condamnés à être libres. » (Marc-Alain Ouaknin)

Nous sommes en *devenir libre*.

Le 8 est le nombre de l'infini et de l'interaction entre les mondes. Il aide à trouver un équilibre entre la loi des hommes et la loi cosmique toujours en mouvement – la fameuse respiration contradictoire… et complémentaire ! En un mot : essentielle pour développer la vie.

Il y a également une forte interaction entre Être et Faire. On nous a donné un nom : nous avons à le porter. L'équilibre à trouver entre notre loi intérieure et notre action doit être souple. Cette séparation est obligatoire pour quiconque veut permettre la respiration et l'harmonie.

Le 8, donc, c'est la loi, le mode d'emploi en mouvement perpétuel, toujours en transformation. Symbole de l'infini, ce 8 couché représente l'interaction entre les mondes. Il évoque d'autre part l'alternance entre matière et antimatière. Les étoiles semblent mourir aspirées par un trou noir : et si cet étranglement à la croisée de deux boucles n'était, loin de ce que nous appelons mort, qu'un retournement vers une autre lumière ?

Teth, devenu Th = 9

Idéogramme d'origine : 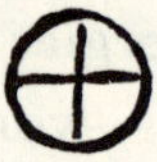

Cette lettre est à part, elle était absente des dix commandements et des dix séphiroths.

Le 9 est symbole de mutation, de la fin d'un temps, d'un cycle terrestre, de changement de peau. La lettre Th est liée à la boue, à l'humus, à la notion de temps terrestre. C'est le temps qui nous est imparti et qui n'appartient qu'à notre histoire terrestre avec ses limites.

C'est aussi la recherche, la quête spirituelle. Ce temps qui nous est donné dans la matière, l'incarnation, nous permet – ce passage terrestre ayant une durée limitée – de chercher à comprendre la loi de la vie. Si nous avions conscience de notre éternité nous n'aurions aucune raison d'essayer de comprendre. À quoi bon ? Nous resterions probablement inconscients, ensommeillés. Ce temps est « bon » pour nous, puisqu'il nous permet d'être pressés de chercher.

Ce nombre nous parle enfin de repli sur soi-même en vue de provoquer l'éclair de l'intuition.

9, tel le fœtus qui reste 9 mois caché dans le ventre de sa mère. Ce nombre représente la potentialité d'un changement d'état, le passage de l'ombre de l'inconscient à la lumière du conscient. Le 9, cycle du temps, fin de quelque chose avant le renouvellement…
Tous les chiffres qui le suivent ne sont que la répétition de la même chose, mais grandie, plus évoluée.

	21		
	19	20	
	17	18	
	15	16	
impairs-pairs	13	14	pairs-impairs
11 = 2 ; 13 = 4 ; 15 = 6, etc.	11	12	12 = 3 ; 14 = 5 ; 16 = 7, etc.
les nombres sont			
devenus hermaphrodites	10		
	8	9	
	6	7	
pairs	4	5	impairs
	2	3	
	1		

Après le 9, il nous faut revenir au 1 primal avec un zéro derrière, avec un plus : 10.
9 = fin dans le présent et recommencement. Mais le 9 est aussi l'intériorisation pour provoquer la fulgurance de l'intuition.

Yod, devenu I, J et Y = 10

Idéogramme d'origine : 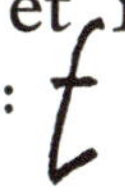
(main)
Pour les Hébreux, ce 10e chiffre vaut 100.

Deux symboles s'y rapportent : celui de la main (avec ses 10 doigts), mais aussi celui de l'axe de la roue. En effet, la plus petite impulsion est capable de provoquer un grand mouvement. Ainsi, la roue de la vie, celle de la création, qui est tout le temps en évolution, en marche. Prenons l'exemple d'un caillou lancé dans l'eau : il provoque un mouvement de cercles concentriques qui semblent se prolonger à l'infini ; il en est de même avec un son.

Le 10 exprime l'aboutissement d'un temps. Symbole d'achèvement, de plénitude, c'est la projection d'Aleph, le 1 intemporel avec lequel tout est possible. Le 10 répond quant à lui : « C'est possible, et cela se fait. » En exprimant la réalisation, ce nombre parle d'expression individuelle, d'interaction dans le monde. Il s'agit de la capacité d'agir, le recommencement après l'achèvement d'un cycle, l'évolution puissante en perpétuel devenir.

L'idée a évolué et abouti, on retourne maintenant à un nouveau début. Ce nombre est circulaire : il provient de l'unité pour revenir à elle.

Kaf, devenu K = 11

Idéogramme d'origine : 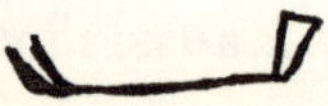
(paume de la main).

Valeur numérique : 20.

Son écriture a évolué entre le phénicien et le grec.

Quand une lettre se retourne, c'est caractéristique d'un effort produit pour dompter les

énergies brutes : un « aboutissement des efforts mentaux et physiques », d'après Virya.
Symbole de la maîtrise des énergies, il représente aussi les forces physique et spirituelle. C'est l'intelligence apprivoisant la matière, un effort de l'esprit et du corps pour dompter la nature.
Notez qu'à partir du 11 tous les chiffres ont trouvé l'unité entre le masculin et le féminin : ils deviennent pairs-impairs. Par exemple, 11 > 1 + 1 = 2 ; 12 > 1 + 2 = 3, etc.
Le 11 fait partie des « maîtres nombres ». C'est comme un joker à notre disposition, nous permettant de maîtriser notre vie. Nous avons alors le potentiel pour agir et canaliser. C'est un chiffre de puissance, mais une puissance pacifique puisqu'elle est dominée par la maîtrise, un équilibre entre le corps et l'esprit.

Lamed, devenu L = 12

Idéogramme d'origine : 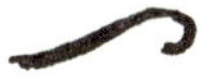
(aiguillon de bœuf).
Valeur numérique : 30.
Son symbole est celui de l'aiguillon, de l'émulation. Une invitation à se découvrir, à apprendre, mais *par l'intérieur*. Il indique un état passif extérieur pour aller vers un état actif intérieur.
Le 12 dit : « Changement de direction, prise de tournant. » (Comme l'enfant se retourne pour sortir d'une certaine forme de vie, pour aller vers l'extérieur et respirer autrement.) Naissance à nous-mêmes, ouverture à l'éternité qui nous en-

vironne et qui est en nous. Ce chiffre symbolise une descente vers la connaissance intérieure, que l'on va remonter pour aller vers une renaissance. Il parle d'enseigner, d'apprendre, d'instruire. Un état potentiel de perfection que possède recèle personne et vers lequel elle doit aller.

Mem, devenu M = 13

Idéogramme d'origine : 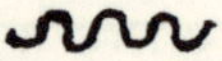 (eau, eaux)
Valeur numérique = 40.
Son symbole est celui de l'eau ou, plutôt, celui des eaux originelles, de l'écoulement de la vie. Il représente les transformations provoquées par la naissance et la mort de toutes choses. Un mouvement perpétuel allant de fin à recommencement : ainsi les saisons qui s'enchaînent, du déroulement de notre vie. Ce chiffre nous pousse au renouvellement, au questionnement sur le sens de notre vie et sur le pourquoi de cette renaissance permanente.
Qu'est-ce que ce que nous appelons la mort ?
« Le Mem final est fermé parce que nul ne connaît son lieu de résidence. » (Antioth de Rakiva)
Tout être vivant traverse ce cycle de transformation, naissance et mort. « Rien ne se perd, rien ne se crée, tout se transforme. »
Le 13 parle d'isolement, de transformation, bref, de la capacité de se régénérer.

Noun, devenu N = 14

Idéogramme d'origine :  (gibier d'eau)
Valeur numérique : 50.

Ce petit symbole est celui du poisson, de l'anguille : ce qui est caché au fond de l'eau. Son sens symbolique est celui de la fécondité, de l'intime, de la prolifération. C'est l'« énergie du cerveau se répandant dans le corps ». Mais il symbolise aussi l'harmonie des oppositions (souvenez-vous des mouvements inspirer/expirer permettant la respiration) ; il parle donc de réversibilité, d'harmonie des mixtes.
C'est un nombre qui peut soit subir, se résigner, soit Être et pendre tout son espace, toute sa dimension dans un épanouissement total.
Le 14 est un nombre de renouveau, d'ouverture vers l'espoir, d'accomplissement.

Samekh, devenu X = 15

Idéogramme originel : 
(arrête de poisson ou échelle)
Valeur numérique : 60.
Symboliquement, c'est la charpente, le soutien d'une structure, l'arbre de vie de la tradition. Ce chiffre parle de sécurité, de soutien solide dans la matière.
Dans la Genèse, c'est le sifflement du serpent de « l'arbre de la connaissance » : le diable gardien du paradis terrestre. C'est l'incarnation, le passage obligé pour atteindre l'esprit. Le 15, c'est la vitalité physique, l'instinct, l'intelligence du corps.
Un arbre ne pousse pas dans les nuages ! Le 15 est donc le squelette, la colonne vertébrale du « bon sens ». Ainsi, notre verticalité bien plantée dans la matière est le plus sûr garant de

notre ancrage, afin que nous ne nous envolions pas dans une spiritualité sans racines. Ce chiffre parle du mariage esprit-matière. Il annonce l'abondance dans le concret, le matériel.

Ayin, devenu O = 16

Idéogramme d'origine : 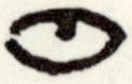 (œil)
Valeur numérique : 70.
Symbole de la prise de conscience, parfois du « mauvais œil », voir de la destruction. C'est l'esprit transfigurant la matière. La « vision » de la source, l'illumination, la révélation : on passe de l'ignorance à la connaissance immédiate, inattendue ; les œillères tombent, les idées reçues se brisent.
Le 16 parle d'illumination intérieure ou de chance inattendue extérieure.
Avec cet œil, la vision est plus claire : c'est l'eurêka, la vérité faite évidence. La matière ne nous retient plus prisonniers. Le 16 représente la pénétration de la lumière : c'est la fête, l'éclatement de la conscience.

Pé, devenu P = 17

Idéogramme d'origine : 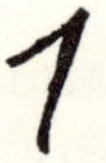 (bouche)
Valeur numérique : 80
Symbole de l'expression, de la vie. La parole comme loi orale.
Il représente aussi l'immortalité avec l'idée du verbe créateur de l'Univers. Il est question de la parole, mais aussi du silence : c'est l'arrêt de la demande extérieure. On se parle à soi-même, on se donne à soi-même.

C'est l'idéal de beauté. Nous sommes là pour « exprimer l'existence ». Ce que j'ai reçu, j'ai le devoir de le donner, de me le donner, de l'exprimer. C'est la capacité d'exprimer les idées par la parole, par l'harmonie retrouvée. C'est aussi Vénus (la beauté) dans l'Univers.

Tsadé/Tsé, devenu Ts, S = 18

Idéogramme d'origine : 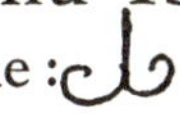 (hameçon ou ancre)
Valeur numérique 90.
C'est l'idée de l'hameçon qui permet de pêcher et de se nourrir, mais aussi de plonger dans l'inconscient collectif. Le 18 reflète la mobilisation des forces internes.
Le nom de cette lettre signifie « latéral », ce qui renvoie à la notion de maintien de contact avec des univers parallèles : l'inconscient, la spiritualité, le monde occulte auxquels on peut seulement accéder en entamant un profond changement.
C'est le lieu où l'on peut se retirer au plus profond de soi pour trouver les moyens de se rediriger dans la vie. Symboliquement, c'est aussi l'univers des illusions et des mirages.
Ce nombre est un symbole lunaire : le 18, c'est la force intérieure, le silence en soi, le retour dans l'inconscient collectif pour aller puiser une nouvelle créativité.

Qof, devenu Q = 19

Idéogramme d'origine : 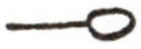 (chas de l'aiguille)
Valeur numérique : 100.
C'est la hache du discernement, mais aussi le crâne supporté par les vertèbres cervicales et le

mouvement qui redresse la tête pour permettre d'observer le ciel ; c'est un symbole de résurrection.
Ce chiffre parle de pénétration de la lumière, du divin dans l'être créé, du mouvement permanent pour continuer à vivre. « C'est la destruction des illusions par la connaissance de la vraie lumière. » (Vyria[1])
On sait voir et séparer le vrai du faux. On distingue ce que l'on est de ce que l'on fait. On fait à l'autre ce que l'on ferait à soi-même, dans le sens du partage et du don de soi.
Ce chiffre exprime la clarté, avec les autres comme avec soi-même. Ce nombre est celui de l'amour de la vie, de la joie, de la communication dans la lumière et la vérité.
Le 19 est un symbole solaire.

Rèch, devenu R = 20

Idéogramme d'origine : 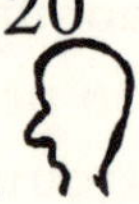 (tête de profil)
Valeur numérique : 200.
C'est le symbole de la vie universelle traversant tout ce qui existe : nous sommes tous appelés à lui donner et à nous donner le maximum d'espace. Cet appel nous pousse au plus haut niveau de nos possibilités.
Ce chiffre exprime que c'est le moment de donner à notre vie une direction nouvelle. Nous avons le choix entre élévation ou dégradation ; nous sommes appelés à sortir de notre chrysalide et à devenir papillon.

1. Animateur d'un cercle d'étude sur la Kabbale, auteur de nombreux ouvrages.

Rèch, le 20, c'est la grande vie cosmique à laquelle nous sommes tous conviés. C'est le moment de grandir, de faire naître l'action, de repartir à zéro. « Il en est temps » : temps de penser à élargir notre vie. D'où cette expression apparemment anodine : « Je te l'ai déjà dit vingt fois. » Elle renvoie, comme toutes les expressions populaires, à une idée bien précise. Celle de l'encouragement à mettre en œuvre un renouveau pour atteindre le sommet, élargir la vie par la création

Chin, devenu Sh = 21

Idéogramme d'origine :  (dent)
Valeur numérique : 300.
Le 21 renvoie donc à la force vitale, d'où l'expression « mordre la vie à pleines dents ». Par ailleurs, rêver que l'on perd ses dents symbolise la perte d'énergie, qu'il faut donc manger, assimiler la vie.
Ce sont l'activité et la force de l'Univers qui unifient les différences. C'est l'harmonie des quatre éléments qui « cardinalise » la vie : Terre, Feu, Air et Eau. Par son action, tout se met en mouvement : c'est l'alliance du créateur et de sa création. Le 21 symbolise également l'accomplissement du cercle, la réalisation de notre monde personnel dans le monde universel.

Tav, devenu T = 22

Idéogramme d'origine :  (sceau divin)
Valeur numérique : 400.

Dernière lettre de l'alphabet hébreu, c'est la marque du sceau divin : la liberté, le libre arbitre naissant de l'alliance entre Dieu et les hommes.

Le 22, c'est l'aboutissement de la Création, le résumé de tout en tout : le grand œuvre est terminé. La vérité est au bout de la route, le futur devient présent, l'inexprimé et le non-dit se libèrent. Idée de perfection, car verticalité et horizontalité se croisent : Ciel/ Terre, Être/ Faire. Ce nombre exprime qu'il n'y a plus de limitations. On devient totalement indépendant, libre : on peut oser, tout est permis, tous les chemins sont ouverts à nos désirs. C'est le « tout est possible », on peut rayonner de toutes parts, dans toutes les directions.

Le 22 parle de libération de l'esclavage, de la contrainte. De fils de l'homme, nous sommes devenus fils de Dieu… Nous voilà devenus à notre tour divins, créatifs, affranchis, enfin conscients de notre pouvoir illimité.

Tableau récapitulatif :

1	Aleph	A
2	Beith	B
3	Guimel	C
4	Daleth	D
5	Hé	E
6	Vav	F, U, V, W
7	Zayin	G, Z
8	Het	H
9	Teth	Th
10	Yod	I, J, Y
11	Kaf	K
12	Lamed	L
13	Mem	M
14	Noun	N
15	Samekh	X
16	Ayin	O
17	Pé	P
18	Tsadé	Ts
19	Qof	Q
20	Reich	R
21	Chin	Sh
22	Tav	T

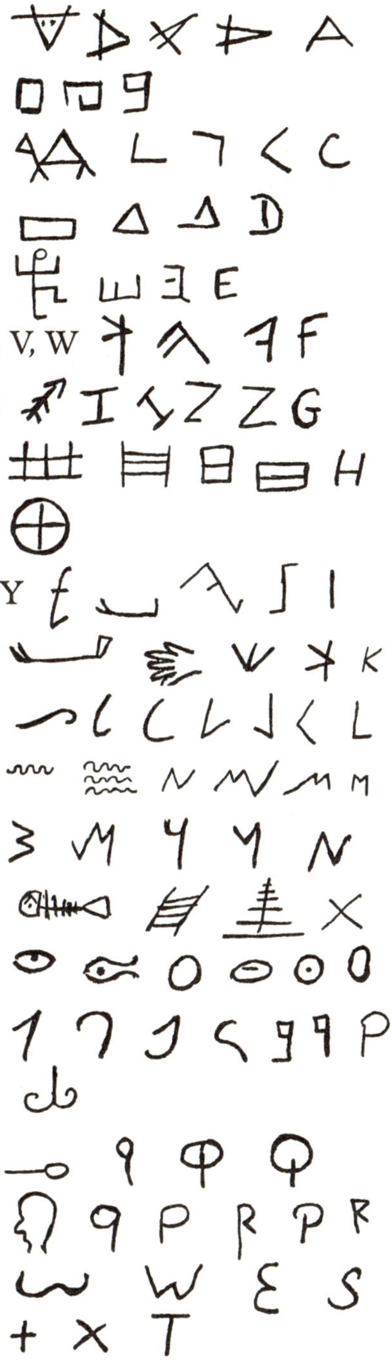

4

Décoder la partition des nombres

Un nombre est formé de plusieurs chiffres comme un air de musique est composé de plusieurs notes. Les nombres sont une langue au même Titre que le solfège, l'anglais, l'italien, etc.

Exprimer un nombre[1] au hasard, c'est livrer notre musique intérieure. Avec les mots nous pouvons tricher, occulter des informations. Pas avec les nombres.

Un nombre doit s'exprimer spontanément... Pas de dates ni de nombre connu ou « de prédilection ». Ces nombres sortent directement d'une source intérieure de connaissance absolue. Et, de la même façon que nous conduisons notre voiture en projetant notre regard au loin pour prévenir les obstacles ou anticiper les tournants ou les directions à prendre, nous avons par ce langage de perfection blotti au creux de nous-mêmes la possibilité de faire affleurer à notre conscience le meilleur des chemins à prendre. Nous pouvons éviter de conduire notre vie en regardant simplement

1. On entend ici par nombre tout ce qui égale ou dépasse la centaine.

nos pneus avant. Nous pouvons apprendre à ne pas laisser passer nos chances et à mieux savoir surmonter les épreuves.

• Jusqu'à 22, nous ne réduisons pas les nombres exprimés.
Ex. : 22 720, le 22 ne sera pas 2 + 2 = 4, et le 20 ne sera pas réduit à 2.
Nous entendons : 22(*mille*), le 22 sera dans Être.
7(cent), qui sera dans Passage.
20 sera dans Faire.

Nous posons à présent nos nombres de gauche à droite :

22(mille)	7(cent)	20
Être	Passage	Faire

7 + 20 : nous additionnons ce qu'il y a dans Passage et dans Faire.
22 + 27 : puis le sous-total à Être.
= 49 : le total sera notre Titre.

• Ce Titre 49 étant au-dessus de 22, on le réduit.
49 = 4 + 9 = 13 : notre Titre est 13, formé d'un 4 et d'un 9.

Nous l'écrivons : $\underbrace{13}_{4\ \ 9}$

Dans Être, notre nombre est formé de 22.
Dans Faire, il est formé d'un 7 (Passage) + 20 = 27.
27 étant au-dessus de 22, on le réduit à 9 : 9 = 2 + 7

$$\overbrace{2\qquad 7}^{9}$$

7 20 : ce 9/2-7 est formé d'un 20.

Nous avons donc exprimé :

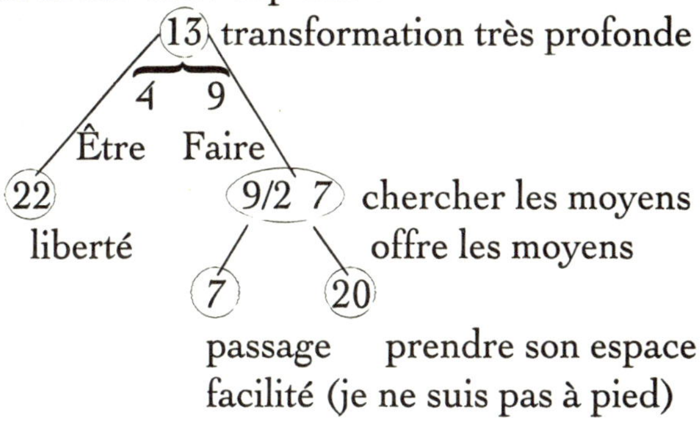

Pour traduire la musique des nombres avec efficacité, nous allons passer par des règles permettant d'être précis :

1- les *7* arbres de la connaissance ;

2- les nombres et leurs sens selon qu'ils se trouvent dans Être, dans Passage ou dans Faire.

Tous les chiffres peuvent être positifs ou négatifs. Il est faux de croire qu'il y a de bons et de mauvais chiffres. Il n'y a pas de notes de musique négatives ou de couleurs mauvaises, mais chacun peut créer un somptueux tableau comme un air de musique inaudible. Exception qui confirme la règle : seuls trois « maîtres-nombres », que nous appellerons des « ouvriers spécialisés », seront nos jokers. Ceux-là peuvent nous aider, si nous les exprimons, à sortir de nos problèmes ou difficultés.

Notre grille de lecture, comme vous le verrez, est structurée par le *7*. Ainsi, dans chaque arbre représenté dans sa verticalité, on va de *7* en *7*.

1 + *7* = 8 + *7* = 15, etc.

Idem à chaque arbre.

2 + *7* = 9 + *7* = 16, etc.

Il en est de même dans le sens horizontal : on va toujours de 7 en 7 : de 1 à 7, de 8 à 14, de 15 à 21. Seul le 22 est hors structure : il est le symbole de notre liberté, de notre libre arbitre. Il peut voyager dans chaque partie du jeu de la vie en toute indépendance.

Les trois « ouvriers spécialisés » déjà évoqués sont :

– le 11, qui symbolise l'énergie et qui peut tout maîtriser ;

– le 13, qui symbolise la transformation et qui peut tout balayer ;

– le 22, qui symbolise le libre arbitre, qui peut donc se libérer.

Si nous les exprimons, c'est que nous sommes porteurs de leur puissance, de leur pouvoir.

Les arbres de connaissance

22

Esprit Feuillage	15	16	17	18	19	20	21
Âme Tronc	8	9	10	11	12	13	14
Corps Racine	1	2	3	4	5	6	7
Signification	Entreprendre	Apprendre	Comprendre	Prendre	Communiquer	Aimer	Repos
Dénomination originelle de la séphira	Créer	Rigueur	Compréhension	Prendre place (dans corps, âme, esprit)	Sagesse	Compassion	Éternité

Chaque colonne est un « arbre » qui porte un nom.

Dans les nombres exprimés, nous pourrons re-

chercher ceux « d'un même arbre » dès lors qu'au moins deux apparaissent.
Ainsi, dans 841, je découvre que le 1 appartient à Entreprendre et le 8 aussi. La dominante de ce qui est exprimé est donc Entreprendre (8 et 1).
Autre exemple : 18 411 (18(*mille*)4(*cent*)11) : me voilà avec 4 chiffres appartenant à l'arbre de Prendre.
– 4 : prendre place.
– 11 : prendre force.
– 18 : prendre créativité.

Nous allons maintenant donner un sens simplifié à chaque chiffre de l'arbre.

1er arbre – Entreprendre
1 : entreprendre du nouveau avec les moyens du bord.
8 : entreprendre avec la loi, le mode d'emploi.
15 : entreprendre dans le concret (argent, sexualité ou santé).

2e arbre – Apprendre
2 : je ne connais pas le mode d'emploi, je dois l'apprendre, le découvrir.
9 : il me faut du temps et de la recherche pour apprendre.
16 : j'apprends en une seconde prise de conscience, je trouve ce que je cherchais.

3e arbre – Comprendre (arbre de l'intelligence, des idées et des projets)
3 : je couve une idée, c'est encore un bourgeon.

10 : je suis en pleine évolution de ma compréhension ou de mes idées (suivant la question).

17 : compréhension totale ou naissance du projet.

4e arbre – Prendre

4 : je prends ma place.

11 : je prends ma force.

18 : je prends ma créativité.

5e arbre – Communiquer

5 : communication dans l'échange et la parole.

12 : autre forme de communication, perception dans une direction différente ou en soi.

19 : communication entre moi-Être et moi-Faire, ou moi et les autres.

6e arbre – Aimer

6 : toutes les formes d'amour humain.

13 : transformation affective ou récolte de ce que l'on *s'aime*.

20 : je suis appelé à un amour ou à une vocation importante, à prendre tout mon espace d'amour.

7e arbre – Repos-facilité

7 : facilité = on n'est pas à pied.

14 : épanouissement, harmonie sans obstacle.

21 : réalisation sans difficultés.

Les 22 symboles dans les nombres exprimés vont me permettre d'oser, de goûter tous les plats ou de me libérer des contraintes. Si j'ai un seul nombre d'un arbre, il prendra le sens de l'arbre. Chaque chiffre prendra une couleur différente suivant sa place dans l'expression du nombre – suivant s'il sort dans Être, Passage ou Faire.

1
Dans Être : j'ai toutes les possibilités d'un renouveau à ma disposition.
Dans Passage : je dois passer par quelque chose de nouveau.
Dans Faire : je commence quelque chose de nouveau.

2
Dans Être : je n'ai pas le mode d'emploi.
Dans Passage : je ne sais pas encore comment passer.
Dans Faire : j'ouvre une nouvelle page de ma vie.

3
Dans Être : je couve un projet qui n'est pas encore mûr.
Dans Passage : le projet est viable.
Dans Faire : naissance du projet.

4
Dans Être : mon terrain, mes fondations, ce que j'ai construit, mes acquis.
Dans Passage : passage solide sans risque.
Dans Faire : je prends place dans ma stabilité.

5
Dans Être : ouverture actuelle dans ce qui est.
Dans Passage : passage ouvert.
Dans Faire : action ouverte… ou avenir ouvert.

6
Dans Être : bien-être en moi ou dans ma vie actuelle.
Dans Passage : passage de plaisir, ou je passe par la douceur.
Dans Faire : je vais vers joie ou plaisir.

7
Dans Être : j'ai des facilités à ma disposition.
Dans Passage : passage facile.
Dans Faire : victoire, succès.

8
Dans Être : équilibre, ou j'ai le mode d'emploi.
Dans Passage : je passe par la rigueur, ou je passe par un contrat ou par la justice.
Dans Faire : certitude, c'est tranché.

9
Dans Être : fin du cycle.
Dans Passage : passage lent.
Dans Faire : recherche, étude.

10
Dans Être : je suis déjà dans un nouveau cycle.
Dans Passage : phase de changement.
Dans Faire : l'action est mon amie, c'est le moment d'agir.

11
Dans Être : j'ai de l'énergie à ma disposition.
Dans Passage : je passe en force et en maîtrise.
Dans Faire : succès, je suis maître de ma vie.

12
Dans Être : c'est le moment de claquer une porte sur le passé.
Dans Passage : j'opère un total changement de direction.
Dans Faire : naissance des projets.

13
Dans Être : je suis en pleine transformation.
Dans Passage : je passe par une transformation.
Dans Faire : récolte, moisson.

14
Dans Être : fin des épreuves.
Dans Passage : passage en douceur, en harmonie, ou « je mets de l'eau dans mon vin ».
Dans Faire : épanouissement.

15
Dans Être : j'ai, ou j'ai eu, des difficultés matérielles ou concrètes dont je sors.
Dans Passage : je passe par le concret, le matériel, le physique.
Dans Faire : concrétisations, succès dans le matériel.

16
Dans Être : j'ai eu des épreuves dont je sors.

Dans Passage : je passe par un coup de chance.
Dans Faire : je fais ou je vais faire la fête ; enthousiasme, joie, succès soudain.

17
Dans Être : ce que j'ai reçu/j'ai reçu beaucoup de richesses affectives.
Dans Passage : je suis sur le chemin de me donner (ce que le chiffre suivant va exprimer).
Dans Faire : je me donne l'harmonie, la joie (*idem*).

18
Dans Être : tout est encore dans le flou, en potentialité, non encore révélé.
Dans Passage : je passe par l'intuition ou la créativité.
Dans Faire : je crée.

19
Dans Être : confiance en soi, clarté avec soi-même, franchise.
Dans Passage : tout est clair entre ce que je suis et ce que je veux faire.
Dans Faire : la situation ou l'autre devant moi est clair, loyal ; je peux être en confiance.

20
Dans Être : je suis appelé à sortir de ma chrysalide et à devenir papillon, à réussir mon envol.
Dans Passage : bilan ; dois-je me peaufiner encore un temps dans ma vie actuelle, ou puis-je prendre mon espace ?

Dans Faire : promotion, réussite, ampleur – tout prend une dimension plus large.

21

Dans Être : j'ai toutes les possibilités aux quatre coins de ma vie (ou de moi-même).
Dans Passage : je passe par toutes le possibilités ou je passe par du monde, des gens.
Dans Faire : réalisation dans le monde avec le monde.

22

Dans Être : je me libère ou je libère mes richesses et mes possibilités.
Dans Passage : symboliquement « je quitte ma mère, mon père » et *j'ose.*
Dans le Faire : je fais ce que je veux, je goûte tous les plats.

Esprit	15 valeur 60 Samek ס	16 valeur 70 Ayin ע	17 valeur 80 Pé פ	18 valeur 90 Tsadé צ	19 valeur 100 Qof ק	20 valeur 200 Reish ר	21 valeur 300 Shin ש
Âme	8 Heith ח	9 Teith ט	10 Yod י	11 valeur 20 Kaf כ	12 valeur 30 Lamed ל	13 valeur 40 Mem מ	14 valeur 50 Noun נ
Corps	1 Aleph א	2 Beith ב	3 Guimel ג	4 Daleth ד	5 Hé ה	6 Vav ו	7 Zayin ז
	Entreprendre	Apprendre	Comprendre	Prendre	Communiquer	Aimer	Se reposer en profiter

Les 7 arbres de la connaissance correspondant aux 7 périodes de la Création + les 3 perceptions (corps, âme, esprit) = les 10 séphiroths.

Ce qui est bouleversant, c'est de découvrir que, depuis cinq mille ans, nous nous servons de signes semblables porteurs de sens. Et c'est grâce au peuple hébreu qu'ils sont arrivés jusqu'à nous, nous apportant leur plénitude symbolique.

Dans notre vie, il y a une règle du jeu. Si elle est transgressée, nous en subissons douloureusement les conséquences. Si nous la comprenons peu à peu, elle nous permet de naviguer avec plus d'efficacité pour atteindre une harmonie. Elle nous permet de nous trouver, de nous comprendre, de comprendre les autres et de découvrir le sens de ce que qui nous entoure.

Tels des apprentis génies, nous pouvons nous appuyer sur l'expérience des compagnons qui ont construit les cathédrales d'une connaissance venant de la nuit des temps !

Et plus on ouvre le livre, plus on s'aperçoit de l'évidence et de la simplicité de cette loi, qui est la même pour tout le vivant : il n'y a pas d'autre recette !

Le langage des nombres est un langage de vérité, de perfection, une langue unique, universelle. Il nous permet de descendre dans notre mer intérieure et de remonter à la surface les trésors qui dorment en nous. Car nous sommes tous faits des mêmes briques. Tous semblables et tous différents. Plus nous serons en accord avec le rythme de l'Univers, plus nous ouvrirons la porte à notre différence ; notre particularité pourra alors prendre son essor vers la liberté. Cette liberté est nécessaire à la création, elle n'est possible qu'en passant par la loi, et la loi est faite pour être transgressée, dépassée. C'est ainsi que nous devenons créateurs et divins.

Je compris tout cela après avoir rencontré Albert Léon Gestner, kabbaliste et historien qui m'apporta en une seule soirée la clé de la règle du jeu de notre vie. Sa seule présence et l'histoire qu'il me raconta sur la loi des Hébreux entra en moi presque à mon insu. Quelques jours après, pendant un de mes cours, j'exprimai à mes élèves un enseignement sur la loi de la vie que je découvrais en même temps qu'eux… Tout en parlant, je me disais : « C'est intéressant ce que je raconte ! » J'apprenais au fur et à mesure que les mots sortaient de ma bouche, je n'étais qu'un simple tuyau piqué dans l'espace et par lequel les informations filtraient.

« La création du monde passe par sept périodes,
les six jours et le septième Dieu fut content
de ce qu'il avait fait,
le septième jour il se reposa. »

La Création n'est pas achevée, et nous ne pouvons guère nous satisfaire de ce qui existe : il y a encore fort à faire ! Les tortures, les guerres, 300 millions d'enfants esclaves, la faim sur les trois quarts de la planète… Non, la Création

n'est pas achevée, et c'est à nous, manifestation du Créateur, de continuer l'œuvre commencée. De toute façon, Créateur ou pas, nous sommes les seuls à pouvoir agir et changer les choses. Ce n'est pas en restant spectateurs, mais en devenant acteurs de nos vies, que nous pourrons modifier ce qui nous entoure.
Dans la Bible, il est écrit : « Dieu a eu besoin de sa création pour se reconnaître » comme un artiste ne peut se reconnaître que dans son œuvre. La création est donc un miroir et si nous sommes le miroir, nous avons intérêt à refléter la beauté, l'intelligence et l'amour. *Nous sommes responsables de ce que nous reflétons.*

Reprenons les 7 pas à faire pour être heureux et trouver notre paradis terrestre. La règle du jeu de notre vie est simple, mais elle ne peut être transgressée sans que nous en souffrions. Si nous manquons une station, nous pouvons retourner à la case départ, comme dans le jeu de l'Oie.

• La 1re séphira, le 1er arbre de connaissance, c'est Entreprendre : *créer et réverbérer comme en haut.*
Entreprendre : créer comme le Créateur cosmique ; refléter, être le miroir.
Dès le départ l'enfant sait instinctivement : il lâche la main de la mère, veut marcher, tombe, se relève et recommence, retombe, reprend la main de sa mère, puis repart de plus belle, marche, court : *il a appris.* Il touche le poêle et se

brûle, il apprend à ses dépens qu'un poêle allumé peut faire mal. Il pique le jouet d'un copain qui hurle, le frappe et apprend que ce n'est pas à lui ; c'est parce qu'il *entreprend* qu'il arrive au 2e arbre, la 2e séphira.

Apprendre : appartient à la séphira de la *rigueur*.
Une fois adultes, nous devenons frileux, nous ne voulons entreprendre qu'en étant sûrs de l'endroit où nous mettons les pieds, toujours tentés de retourner à la case départ. Il nous faut d'abord entreprendre avant de découvrir et apprendre. On entend : « Je ne peux pas lâcher mon travail, bien que je ne le supporte plus depuis des années, sans que quelque chose d'autre se présente », ou : « Je ne peux pas me séparer de mon partenaire, que je n'aime plus du tout, sans avoir au préalable rencontré quelqu'un d'autre », etc. C'est trop souvent le même leitmotiv : « On ne lâche pas la proie pour l'ombre. » On préfère vivre un connu difficile et douloureux que de plonger dans l'inconnu, alors on reste des années dans le malaise, sans percevoir que la seule solution, c'est de commencer, d'*entreprendre,* de changer de vie. Nous devons être les artisans de notre vie ; sinon, c'est la loterie – et, à la loterie, il y a peu de gagnants. Il nous faut construire ce que nous avons envie de vivre, écrire la pièce de théâtre que nous avons envie de jouer (au début, avec les moyens du bord, ensuite avec la loi, puis dans le concret).

• La 2e séphira, le 2e arbre de connaissance, c'est donc Apprendre la rigueur.

Une fois le premier pas créatif accompli, nous allons *apprendre* et *découvrir*. Pour ce faire, il est important d'être à l'écoute de notre corps ; disons que « le corps a ses raisons que la raison ne connaît pas ». Par exemple, nous avons sommeil, mais notre mental va répliquer « ce n'est pas l'heure, il n'est que 18 heures, il faut attendre ». Nous avons faim ? Le mental, de nouveau, imposera d'attendre l'heure du dîner, etc. Nous allons peu à peu apprendre à travers notre corps, puis notre sensibilité, nos impressions, notre âme, ensuite avec notre esprit, qui saura synthétiser le tout. Notre raisonnement ne sera pas le seul à venir parachever ce que nous aurons appris. Malheureusement, dans la plupart des cas, le mental est roi. Avec lui, la culture prend la place de l'intelligence.

Bien souvent, des bergers m'ont appris plus de choses que de grands professeurs. Je me souviens de deux d'entre eux, en particulier, qui m'ont éblouie à différents moments de mon existence, par leur connaissance de la vraie vie. Non seulement ils *savaient*, mais ils étaient par ailleurs de vrais poètes ; ils ne savaient ni lire ni écrire, mais le livre de la nature leur avait tout enseigné.

Apprendre qui nous sommes, ce que nous voulons vivre, apprendre avec nos cinq sens-portes ouvertes de notre corps… Des portes émissives ou réceptives : nos yeux qui peuvent voir et découvrir la beauté du monde ou les misères, nos yeux, qui peuvent donner de la tendresse, verser des larmes de bonheur ou de compassion, qui peuvent apprendre à regarder l'autre, à échanger avec l'autre ; nos oreilles, qui peuvent recevoir la musique, apprendre à écouter puis entendre l'autre et ses différences ; notre odorat, qui peut apprendre les jouissances terrestres ; respirer l'air pur et rejeter l'air vicié ; notre bouche, qui peut goûter, exprimer et apprendre à ne faire sortir sur l'extérieur que rire et tendresse – à l'inverse de la vieille sorcière qui ne pouvait, en ouvrant la bouche, que cracher serpents et cafards... – ; et le toucher ! Comme nous avons perdu, en occident, le sens du contact avec l'autre ! Ceux qui l'ont conservé en connaissent bien les bénéfices. Dire que, dans certains pays, c'est monnaie courante de se toucher, de se serrer dans les bras...

Quand j'étais enfant, il était courant d'entendre les adultes casser nos jeux de jeunes chiens fous en s'exclamant « jeux de mains, jeux de vilains ! », cette assertion induisant aussitôt un premier sentiment de culpabilité dont il est difficile de s'affranchir par la suite.

• La 3e séphira, le 3e arbre de connaissance, c'est Comprendre, qui est aussi l'arbre de l'intelligence, des projets, des idées.

Comprendre : l'intelligence du corps est instinctive ; celle de l'âme est d'ordre sensible ; enfin, l'intelligence de l'esprit relève du mental. Attention, comprendre uniquement avec le mental, c'est être amputé de deux autres perceptions. Comprendre seulement avec nos émotions, c'est également n'être qu'un tiers intelligent ; ne comprendre qu'avec son corps, son instinct, est un moindre mal. Ainsi, si notre « bon sens » prime, alors les deux autres perceptions sont libres de s'épanouir.

Nous avons *Entrepris, Appris, Compris,* nous nous devons alors de *Prendre*.
Nous atteignons la verticalité de l'arbre des séphiroths, arbre de vie, arbre de loi, de la règle du jeu. Dès lors, nous ne pouvons poursuivre notre évolution de vie qu'en *prenant place, force et créativité.* Nous prenons conscience que rien ne peut se faire qu'en conjuguant corps/âme/esprit. Entreprendre corps-âme-esprit, Apprendre avec notre corps, nos émotions, notre raisonnement, Comprendre de même et ainsi de suite… jusqu'au 7e arbre.
Pas question de n'aborder la vie qu'avec une seule part de nous-mêmes !

• La 4e séphira, le 4e arbre de connaissance, c'est *Prendre sa place*.
Et non la place des autres… Prendre sa place vis-à-vis de son conjoint, de ses enfants, de ses collègues : cette séphira nous parle de notre vie, qui nous appartient en propre tout comme notre corps. Personne n'a le droit de nous dire comment être, comment vivre, comment respirer… Nous sommes maîtres à bord. Nous croyons souvent que l'autre est plus intelligent,

quitte à nous sous-estimer, ce qui laisse libre cours à toutes sortes de manipulateurs croyant jouir d'un certain pouvoir : médecins, psys, banquiers, directeurs et autres petits chefs du même acabit ! « Il faut vous opérer tout de suite, c'est grave... » Terrifiés, nous filons doux sans nous poser plus de questions, sans prendre d'autre avis – sans écouter *notre* sagesse, qui est au-delà de nos peurs et sait pertinemment ce qui est le meilleur pour nous.
Quand nous entrons dans une clinique ou un hôpital (je le sais pour l'avoir vécu), on nous donne à signer une décharge autorisant le praticien à faire ce qu'il juge bon en son âme et conscience ; et c'est ainsi que certains se sont retrouvés au réveil avec un organe en moins sans en avoir été avertis ! C'est notre corps, notre argent, à nous de décider pour nous.
Prendre notre place, notre force, notre créativité ? Oui, nous pouvons plonger dans la richesse contenue dans notre inconscient, sentir, entendre ce qu'il nous souffle au creux de l'oreille... *nous écouter* au lieu d'écouter nos peurs, qui, trop souvent, prennent toute la place et occultent les autres perceptions !

• La 5e séphira, le 5e arbre de connaissance, c'est *Communiquer*.
Communiquer : sans risquer d'être influencé ni de subir une quelconque pression, ni encore de suivre n'importe quel maître ou gourou. C'est la séphira de *la sagesse* et de *la communication*.
Seuls, nous ne pouvons rien ; bien plantés dans

notre incarnation, solidement ancrés dans les quelques certitudes acquises, nous devons continuer le chemin de notre évolution en nous mêlant aux autres dans l'échange. Une goutte d'eau isolée s'évapore sur la berge et perd l'occasion de se mêler aux autres gouttes de la rivière pour rejoindre la mer. Mais il y a toutes sortes de communications : l'écoute, la parole, l'échange avec les autres, mais aussi l'écoute des murmures de la nature, l'écoute du grand silence intérieur dont nous sommes porteurs… Il nous faut communiquer dans le conscient et dans l'inconscient, et, bien sûr, d'abord avec notre propre corps, avec nos cinq sens, ces cinq portes poussées vers tous les échanges possibles avec notre âme, notre sensibilité et notre esprit, dont l'ouverture peut prendre chaque jour plus d'ampleur.
Nous avons *Entrepris, Appris, Compris, Pris notre place-notre force* et *Communiqué*… c'est seulement maintenant que nous pouvons frapper à la porte du 6e arbre.

• La 6e séphira, le 6e arbre, c'est *Aimer.*
Aimer : la séphira de la *compassion.* C'est lors de cette étape que nous allons découvrir, d'abord, que chacun de nous plaque sur n'importe quel visage sa soif d'aimer. Nous parons l'autre des atours que nous recherchons et, finalement déçus, nous l'accusons de ne pas être « ce à quoi nous nous attendions », sans admettre que l'erreur nous incombe. L'amour mal vécu aliène l'autre ; bien vécu, il le libère.

Cela commence par la relation à la mère : si celle-ci ne comprend pas que c'est à elle, et à elle seule, de couper le cordon ombilical, elle aimera mal. La nature nous en donne l'exemple : la chatte, si maternelle (comme tous les félins), interdit à un moment donné à ses petits de téter. Ce sevrage forcé pousse ses chatons à apprendre à chasser, à se nourrir seuls. Quant aux parents oiseaux, attentifs à leur nichée jusqu'au sacrifice, ils jettent eux-mêmes les petits hors du nid quand l'heure est venue. Pourquoi voudriez-vous que les oisillons ferment le bec si l'on continue à les entretenir ? Ce ne sont ni les chatons ni les oisillons qui coupent le cordon, mais bien leurs parents. Et nous de garder nos progénitures bien au chaud jusqu'à 30 ans passés ! En les préservant trop longtemps des difficultés de la vie, nous leur ôtons toute combativité.

Après l'enfance, il nous faut découvrir que l'amour ne peut « pousser » que si l'on met une fin à la « demande affective ». Qui veut de l'amour sème d'abord l'amour, épure le sol de tout ce qui peut entraver la germination de la graine, comme un paysan. Nous allons désherber notre champ, sarcler, labourer, semer, arroser, laisser mûrir… C'est ainsi que l'on récolte ce que l'on *s'aime*.

Car l'amour n'est pas un dû, mais un but à atteindre ; et c'est en s'affranchissant de toutes les idées mortes, de tous les regrets, des résidus de culpabilité, du manque de confiance en soi et autres souffrances du passé que l'on peut es-

pérer voir sortir du sol cette graine d'amour débarrassée de tout ce qui pouvait l'étouffer.
Nous n'avons pas été maternés ? Maternons-nous ! Personne ne nous fait de cadeaux ? Gâtons-nous nous-mêmes ! Cinq sens sont à notre disposition pour laisser entrer tous les plaisirs de la vie : c'est ainsi que nous pourrons guérir des blessures du passé. Nous ne pouvons pas demander à l'autre de s'improviser cataplasme, lui aussi a ses problèmes. Soyons légers ! Enfin délestés de nos sacs emplis de rancune et de souffrance, nous recevrons plus que nous ne l'espérons.
Mais, dans cet arbre magnifique qui est le but de notre voyage sur terre, il y a une autre vocation d'amour qui nous attend : ayant acquis un certain bonheur nourri par l'amour de nos parents, de notre conjoint ou par celui de la nature, un désir intense nous apparaît, que rien encore n'a assouvi et qui prend soudain d'importantes proportions… L'amour en nous se découvre une soif illimitée, et nous avons besoin de vivre l'amour humain conjugué à un amour divin. C'est le désir de vivre simultanément verticalité et horizontalité : les pieds dans l'humus, la tête dans les étoiles. Il s'agit de réaliser dans notre vie tout ce que nous aimons, de *Faire* ce que nous sommes. Étendre amplement nos ailes dans toutes les directions, soudain conscients de notre infinité d'amour, conscients enfin qu'aimer, c'est comprendre, et vice versa.
« Pas d'amour sans intelligence, pas d'intelligence sans amour. »

• La 7e séphira, le 7e arbre, c'est *Se reposer*.
Le jour où nous nous couchons heureux le soir pour nous réveiller heureux le matin, sans cause précise, gratuitement, est celui où nous abordons le 7e et dernier arbre : cette 7e séphira est celle de l'éternité. Nous touchons à notre paradis terrestre et, plus nombreux nous serons à le vivre, plus cela s'étendra aux autres. Le bonheur s'attrape plus facilement que la grippe.
Se reposer : dans l'arbre du repos, nous pouvons jouir de ce que nous avons créé. Le 1er pas était *Entreprendre et réverbérer comme en haut*, créer comme en haut : chacun de nous est responsable de sa création, qui un enfant, l'autre un morceau de musique, un tableau, un poème, l'autre encore une idée qui s'ouvre sur une approche scientifique, une explication du monde… Chacun puise en soi et restitue aux autres quelque chose qui appartient à tous ; chacun a une couleur, une note de musique que l'autre n'a pas, et ce pour que tous participent au grand concert de la vie, au grand œuvre, la pierre philosophale des alchimistes du Moyen Âge.
Tout est à faire *ici* et non pas dans un autre monde hypothétique. Le paradis à créer est terrestre : chacun doit travailler *ici* à construire le sien, participer à l'avènement du monde universel. Et même si ce dernier est bouleversé par les guerres, la haine, le racisme ; même si les dualités n'ont pas encore trouvé les moyens de s'équilibrer, nous pouvons simplement trouver

l'amour en nous-mêmes et découvrir qu'il existe, que l'arbre de la connaissance est couvert de bourgeons. Nous n'en dégustons pas encore les fruits, nous n'en connaissons ni la couleur, ni le goût, ni le nom, mais nous pouvons d'ores et déjà fêter la floraison prochaine. Une 7e période viendra, où toute vie trouvera réponse à hauteur de sa soif. Car la Création donnera ses fruits et, un jour, l'humanité, bien ancrée dans son incarnation, en harmonie avec ses énergies, ayant atteint un épanouissement parfait dans son intelligence et communiquant avec l'immensité environnante dépourvue de limites, connaîtra la plénitude de l'amour dans l'Univers.

Mais tout cela ne peut être atteint qu'en utilisant une règle du jeu. *La loi est* et ne pourra être transgressée sans douleur. Plus nous comprenons, plus nous nous éloignons de la souffrance. Le rythme de l'Univers participe dans sa totalité de la musique des nombres. En composant notre propre chant, nous ouvrons des portes vers l'infini. Tout est en nous, et l'extérieur n'est que la résonance de ce que nous sommes. Changeons en nous-mêmes pour ne tendre que vers la beauté, et le monde ne sera plus que beauté.

5

Interpréter la partition des nombres

Un nombre jaillissant spontanément de notre bouche ne peut qu'exprimer l'essentiel de ce qui nous interpelle dans l'instant. Il doit être formé d'au moins trois chiffres et ne correspondre à rien de familier : date de naissance, adresse, numéro de carte bleue et autre code d'entrée sont à proscrire. Cela doit être absolument fortuit : on ne sait pas ce que l'on dit quand on s'exprime à travers les nombres.
Chaque chiffre est un mot, un nombre constitue une phrase. Celle-ci se lit de gauche à droite.
Ex : **7 256** se lit *7*(mille)/*2*(cent)/*56*, en marquant une pause entre les milliers et les centaines.

Le *7* est dans Être : on exprime ce qui est maintenant. Le *7* symbolise la « Jaguar », la « Rolls » que nous avons à disposition actuellement.

Interprétation
Il faut commencer par identifier les arbres
Ce livre ne prétend pas enseigner une méthode

ni remplacer un séminaire complet ; il ne fait que soulever le voile pour découvrir le moyen de décoder la partition des nombres.

Le tableau permet de les reconnaître. Nous allons ajouter un petit signe par arbre, ce qui nous aidera à les repérer. Nous ferons référence à la symbolique d'un nombre en fonction de sa quantité dans un même arbre (il en faut au minimum deux pour les prendre en compte).

Pour les centaines, 256 se lit : 2(cent)/56
Ici, le 2 est *en Passage, en Passage* : il va exprimer un « on ne sait pas encore comment passer ». Cependant, on doit l'additionner au 56 qui se trouve du côté de Faire ou Devenir.
56 + 2 = 58. N'oublions pas que tout chiffre audessus de la base (22) est à réduire, ce qui est le cas ici.
5 + 8 = 13. Le chiffre 13 vient d'un 5 et d'un 8, on dit donc 13 / 5-8.

Le *7* reste à gauche, et ce 13 formé d'un 8 et d'un 5 va se placer sur la droite.
Notre total est donc *7* + 13 = 20.
Ce dernier chiffre est notre *Titre*.

La musique exprimée est la suivante :

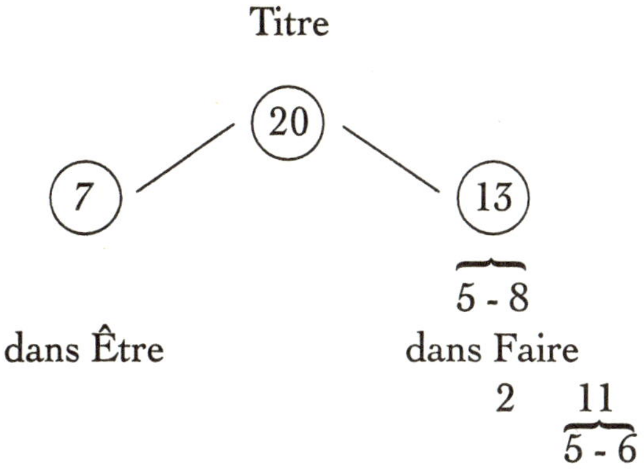

15 Dans le concret	16 Trouver, réussir	17 Aboutissement, réalisation	18 Créativité, prendre sa créativité	19 Avec soi ou avec les autres	20 Largement, amour universel	21 Réalisation facile dans tous les domaines
8 Avec la loi	9 Chercher	10 En évolution	11 Force, Prendre sa force	12 Nouvelle perception en soi ou tournant	13 Je récolte ce que je sème *(s'aime)*	14 Épanouissement
1 Avec les moyens du bord,	2 Apprendre	3 Projet, idée	4 Prendre sa place	5 Toutes communications	6 Toutes formes d'amour	7 Facilités, je ne suis
Entreprendre	*Apprendre*	*Comprendre*	*Prendre*	*Communiquer*	*Aimer*	*Repos*
→	◫	△	□	☆	♥	‿

Le nombre Titre, ici le 20, n'est jamais la réponse, mais le constat : il est question de… Plus concrètement, dans le cas du nombre cité en exemple, le 20 suggère qu'il s'agit de prendre son espace. En effet, le 20 interroge, comme la chrysalide avant de devenir papillon : est-ce possible ? La réponse se lit dans la mélodie qu'exprime le nombre dans son ensemble.

– Le *7* à gauche, dans Être, dit : j'ai toutes facilités pour cela.

– Le 2 en Passage + 13 / 5-8 dans Faire, à droite, expriment :

1 – je passe par une transformation affective (nous avons en effet repéré deux chiffres de l'arbre d'aimer, marqués par un cœur) ;

2 – avec des ouvertures (le 5), certaines (le 8) ;

3 – et j'ai maîtrise et réussite avec le 11, à droite.

Il nous est donc possible de nous poser des questions et d'y répondre avec des nombres. Ce tirage s'appelle la *phrase*.

Avec la méthode des quatre éléments, il s'agit d'exprimer spontanément un nombre dans chacun de ceux-ci, puis dans la 5e essence. Soit l'exemple suivant.

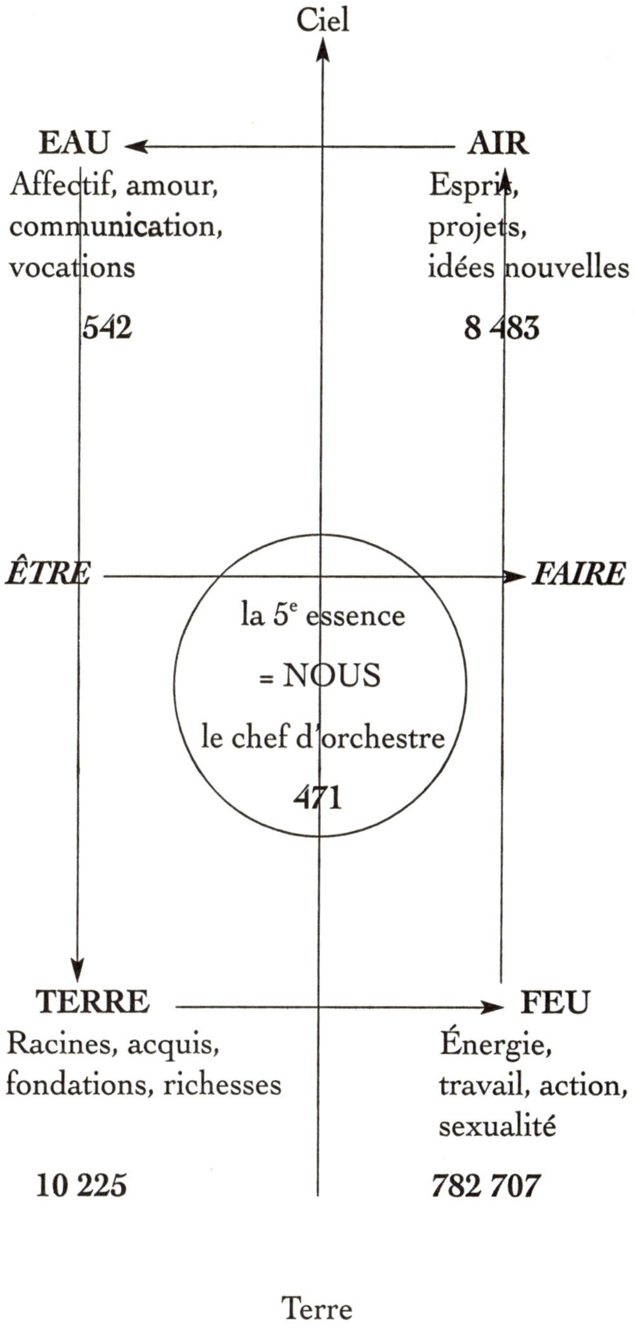
Ciel
EAU
Affectif, amour,
communication,
vocations
542
AIR
Esprit,
projets,
idées nouvelles
8 483
ÊTRE
FAIRE
la 5e essence
= NOUS
le chef d'orchestre
471
TERRE
Racines, acquis,
fondations, richesses
10 225
FEU
Énergie,
travail, action,
sexualité
782 707
Terre

Le premier nombre à analyser sera celui de la Terre, puis ceux du Feu, de l'Air, et de l'Eau. Après quoi nous ferons la somme des *Titres* des quatre éléments, ce qui donnera sa couleur à la distribution du jeu. Les quatre éléments représentent notre destin actuel, marquant les portes ouvertes ou fermées. Bien sûr, la qualité du nombre exprimé nous poussera à passer *par le plus facile et le meilleur.*

Nous traduirons ensuite la *5ᵉ essence,* qui nous représente. Celle-ci pose la question suivante : « Suis-je un bon chef d'orchestre ? À moins que je n'aie pas les moyens d'agir. Alors, suis-je un spectateur subissant ou un acteur partie prenante de mon histoire ? »

Nous additionnerons enfin les *quatre éléments* et le *chef d'orchestre,* après avoir préalablement additionné :

- ➢ Terre + Feu
- ➢ Feu + Air
- ➢ Air + Eau
- ➢ Eau + Terre

Nous pourrons alors voir si ce qu'il y a dans Être est meilleur que ce qui se trouve dans Faire ou vice versa. Et si la partie Ciel vaut mieux que la partie Terre.

Terre

La Terre représente les acquis, les richesses, les fondations.

10/<u>22</u>5 est le nombre situé dans son domaine.

– Comme je ne peux pas réduire le 22, je l'additionne au 5, ce qui fait 27. 2 + 7 = 9, d'où 9 / 2-7.

– D'autre part, 10 + 27 = 37 = 10.
Le 10 reste dans Être, le 27 (9 / 2-7) passe dans Faire :

$$\overbrace{3 \qquad 7}^{10}$$

$$10 \qquad\qquad \overbrace{2 \qquad 7}^{9}$$

On retrouve 3 chiffres de l'arbre de *Comprendre* des projets, que nous avons identifié avec le triangle : le 10 du Titre, le 3 qui forme le 10 du Titre, ainsi que l'autre 10 dans Être.

Interprétation

Le Titre = la question
10 : vais-je évoluer (le 10) dans mes projets ;
3 7 (le 3 et le 10) avec victoire (le 7) ?
C'est déjà en route ! : 10 $\overbrace{2 \qquad 7}^{9}$

mais il y aura à apprendre (le 2) et à chercher (le 9) pour obtenir le succès total (les deux 7) ;
le tout dans un changement radical.
En effet, **7 et 10 ensemble = changement radical.**
Ce chiffre était exprimé dans la partie Terre. Cela représente la base déjà inscrite pour aller vers l'action.

Feu

Nous allons passer à présent dans le Feu, c'est l'action, le travail. Le nombre exprimé a été le 782 707.

– On dit naturellement, en un premier temps, 782(mille). 782 est dans Être.
– Ensuite 7(cent), Passage-passage.
– Puis 07, pour les dizaines, est dans Faire.
782 = 7 + (8 + 2) = 17.
707 = 7 + 7 = 14.
17 + 14 = 31.

31 est au-dessus de 22 : je le réduis. 3 + 1 = 4.

Et on pose :

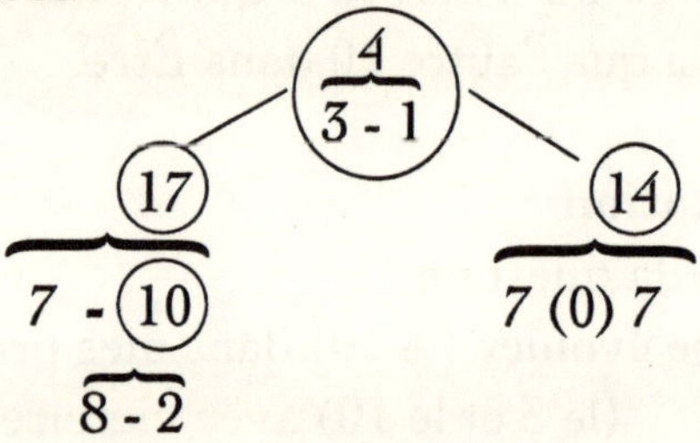

La flèche : arbre d'Entreprendre, deux chiffres – 1 et 8.
Le triangle : arbre de Comprendre, trois chiffres – 3, 7 et 17.
Le hamac : arbre du Repos, de la facilité, quatre chiffres – 7, 7, 14 et 7.

Dans Faire, je pointe le 1 (commencer, 99 de nouveau) et le **10** (nouveau cycle) : ils se renforcent l'un l'autre.
Dans Être, je pointe le 7 et le 10 : souvenons-nous que les deux ensemble veulent dire « changement radical ».

Interprétation

Le Titre, la question

(4)

3 - 1 : est-ce que je couve, me prépare (le 3) à prendre place (le 4), dans un renouveau dans ce qui « est », j'ai déjà commencé à entreprendre de développer des projets :

(17)

(7) - (10)

j'en ai les moyens : et je me prépare à un changement radical (7-10)

(14)

7 (0) 7

je vais avec beau coup de facilité (trois fois le 7) vers épa nouissement (le 14) et victoire (le 7)

Ce qui veut dire que, dans mon travail (l'élément Feu), j'ai une évolution de mes projets qui vont vers un changement radical et facile : succès et épanouissement.

Air

Nous allons monter vers le domaine de l'Air, celui de la communication, des idées et des projets. Le nombre exprimé a été le 8 483.

– 8(mille) : le 8 est dans Être.

– 4(cent) : le 4 est Passage-passage.

– 83 : dans Faire.

Nous avons 8(mille) 4(cent) 83, avec 8 + 3 = 11.
Le Passage s'additionne avec Faire et donne 4 + 11 = 15.
Puis le Total : Être 8 + Passage et Faire 15 = 23.
23, que je réduis : 2 + 3 = 5.

Titre
(5 / 2 - 3)

dans Être : (8) (15) : la somme du Passage et de Faire

Passage : (4) (11) (nombre réduit du 83, 8 + 3)

(8-3)

La flèche : trois chiffres d'entreprendre – 8, 15 et 8.
Le triangle : deux chiffres de comprendre – 3 et 3.
Le carré : deux chiffres de prendre – 4 et 11.

Je pointe le 4 et le 15 qui parlent tout deux de matière, d'incarnation.
Nous remarquons deux 3 faisant partie de l'arbre de comprendre (des idées, des projets).
Ils vont effectivement parler dans le domaine de l'Air des projets, des idées et non de communication. Jusque-là, aucun chiffre de l'arbre de la communication n'est apparu.

Interprétation

Titre

5 / 2 - 3 : vais-je avoir les ou-

vertures (le 5) entre ce que je souhaite (le 2) et ce que je peux faire naître comme projet (le 3) ?

j'ai le mode d'emploi : 8

15 : je me donne les possibilités d'avoir, d'entreprendre (4) et de gagner de l'argent (15)

je prends place : 4 et force : 11

8 - 3 et j'entreprends de naître à mes projets

Des projets qui me tiennent à cœur vont prendre place et force. J'ai déjà le mode d'emploi pour les entreprendre. Je passe par des gains financiers avec maîtrise et succès.

Eau

Nous allons à présent faire immersion dans le monde de l'Eau afin de découvrir si nous serons heureux, si nous allons vraiment faire ce que nous aimons. Pour l'Eau, le nombre était le 542.
– 5 (cent) : dans Être.
– 42 : dans Faire. Comme 42 est supérieur à 22, on le réduit : 4 + 2 = 6
On additionne Être + Faire : 5 + 6 = 11.

Titre
11
Être : 5 6 : Faire
4 2

Le carré : deux chiffres de l'arbre de prendre sa place – 4 et 11 (avec force).

Interprétation

Titre

11 : vais-je me passionner ?

(le 11 = l'affectif)

5 6

j'ai les ouvertures pour ! : 5

6 : mais je passe par des déceptions

(dans ce cas, le 6 est formé de deux nombres pairs = négatif)

Un excès de nombres pairs rend les nombres négatifs et limiter les nombres dans Passage-passage. J'ai les ouvertures cette année pour me passionner, mais je passe par des déceptions.

Une fois le tour fait de ces quatre éléments, j'en additionne les totaux :

TERRE + FEU + AIR + EAU

10 + 4 + 5 + 11

= 30

Que je réduis car supérieur à 22 : 3 + 0 = 3.
Le 0 représente toujours des potentialités non encore vécues. Le total exprimé par le 3 se lit de la façon suivante : des projets couvent, mais il y a encore un pas à faire (le 0).

Cinquième essence

Nous allons à présent traduire ce nombre, situé au centre de nos quatre éléments : le 471.
Cette 5e essence, c'est nous, notre libre arbitre

qui va nous divulguer si nous pouvons tout pour nous, ou bien si, au contraire, nous nous créons des difficultés, des barrages.
Voyons ce que nous dit ce nombre-chef d'orchestre :
– 4(cent) : dans Être.
– 71, réduit à 7 + 1 = 8 : dans Faire.
– Additionnons Être + Faire : 4 + 8 = 12. 12 est notre Titre/question.

Interprétation

12 : va-t-il y avoir un virage
4 8 dans ma vie (le 12) ?
7 - 1

pas pour l'instant : 4 — 8 : j'entreprends avec certitude (8)
immobilisation donnée par les deux nombres pairs (12 et 4)
7 - 1 : un renouveau, dans Faire.
Passage : on passe par ce tournant
désiré facilement (7) dans Être,
je reste installé dans ce qui est. — avec rigueur ou peut-être un contrat (8).

Réponse : c'est par mon libre arbitre que je vais arriver à me dégager de ce qui est installé dans ma vie actuelle. Je vais pouvoir entreprendre avec facilité un renouveau de vie.

La dernière étape consiste à additionner les quatre éléments et le chef d'orchestre :
– la somme des quatre éléments était 3 (30 : 3 + 0) ;
– le nombre de la 5e essence est 12.

1– 30 + 12 = 42 = 4 + 2 = 6.
2– 3 + 12 = 15.
Le 6 formé du 4 et du 2 déjà exprimé dans l'affectif (l'Eau) confirme qu'il y a encore des déceptions.
Le 15 formé du 3 et du 12 exprime un tournant (le 12) de renaissance, le 3 indique un changement de direction et le tout se passe dans le concret (le 15).
Ce tirage exprime de belles ouvertures cette année, mais avec encore des déceptions affectives.

Au cours de cette explication, nous avons pu voir que, hormis un sens donné par les familles d'arbres et l'importance du placement des nombres entre Être, Passage et Faire, il était possible de rencontrer des alliances de chiffres qui parlent ensemble :
9-14 : lenteur.
10-18 : rapidité.
14-17 : adoucissement de vie.
4-15 : argent ou sexualité, avec 4 comme symbole de Terre et 15 de matière (toujours des considérations matérielles).
18-15 : illusions, mirages ou peurs (on en sort suivant ce qui l'entoure).
1-10 : grand renouveau.
7-10 : changement radical.

9 formé d'un 4 et d'un 5, dit 9 / 4-5 = on se prépare à… à vos marques, prêt… à partir.
21 formé d'un 12 et d'un 9, dit 21 / 12-9 = on

tourne totalement le dos à sa vie passée. Les chiffres autour permettront de déterminer si c'est en bien ou en mal.
6 / 4-2 ou 6 / 2-4 = malaise affectif ou déplaisir (excès de nombres pairs)
6 / 3-3 = vulnérabilité : l'entité est exprimée au tiers.
7 / 4-3 ou 7 / 3-4 = succès, victoire, « on n'est pas à pied mais en Jaguar » (harmonie entre pairs et impairs).
8 / 2-6 = insatisfaction.
12 / 4-8 = blocage.
12 / 6-6 = blocage affectif.
18 / 9-9 = malaise, angoisse.

Comme on peut le constater, un excès de nombres pairs parle toujours de malaise, d'immobilisme : on subit, on est spectateur de sa vie et non acteur. Mais, comme pour toute règle, il y a des exceptions :
20 formé d'un 6 et d'un 14, dit 20 / 6-14 = lieu entre repos et harmonie.
14 / 8-6 = épanouissement, équilibre et joie.

Nous avons vu la méthode questions/réponses avec le tirage d'un seul nombre exprimé, dit phrase, puis le tirage des quatre éléments et sa 5e essence. Nous allons découvrir à présent le thème nombrologique.

Thème nombrologique
On donne à l'inconscient comme règle de jeu d'exprimer 15 nombres au hasard, toujours par

centaines au minimum. En un premier temps, nous donnerons un nombre par Maison ; il y en a 12, celles-ci ressemblent un peu aux 12 Maisons astrologiques ou géomantiques. Ensuite viendront les 3 nombres restants.
Comment notre inconscient va-t-il discerner spontanément, sans que nous ayons rien formulé auparavant, le sens de la Maison ? Mystère ! Mais cela est. Notre conscient perçoit une partie visible de notre paysage de vie, le rôle de notre inconscient est d'en voir l'autre face.
Quand nous respirons, nous effectuons deux actions contradictoires : nous inspirons, puis nous soufflons, c'est ainsi que nous pouvons rester en vie. Si cette dualité s'arrête, nous expirons, puis… nous mourons. Unir conscient et inconscient dans une même respiration nous permet d'être beaucoup plus lucides et créatifs… Tout artiste, scientifique, poète laisse d'abord son inconscient l'aborder avant de se rendre compte avec son conscient qu'il a vu juste… L'imaginaire, l'idée, le projet… tout naît d'abord au creux de nous-mêmes. Ensuite, à nous de le créer, de le trouver. Einstein, Dali, Mozart, tous les inventeurs et créateurs ont d'abord été réceptifs à un message intérieur avant de le projeter dans la création extérieure. Alors, laissons notre bouche exprimer ces nombres au hasard, ils sauront prendre la place que la règle du jeu leur impose. Point besoin d'une formulation clairement exprimée : à l'intérieur de nous, quelqu'un, quelque chose *sait*

Le maître du jeu extérieur marquera simplement les nombres exprimés, puis les traduira. Ensuite, il ne fera que restituer à la personne que son propre langage. Celui qui dit le nombre *sait* d'où il vient, ce qu'il veut et comment il peut le faire. Le maître du jeu ne sera qu'une grande oreille, une écoute délivrée de toute projection, prête à restituer dans sa pureté initiale la traduction intégrale du langage des nombres exprimés.

Voici 15 nombres exprimés spontanément pour ce tirage du thème nombrologique :
D'abord les 12 pour chacune des Maisons :
1 256 – 73 244 – 8 376 – 52 605 – 8 217 – 522 816 – 7 256 – 73 263 – 8 217 – 522 – 4 211 – 8 316.
Et les trois derniers nombres correspondant à
–un témoin du passé = le pied en arrière : 4 229 ;
– un témoin du futur = le pied en avant : 746 210 ;
– un juge = par où on est obligé de passer, ou ce qu'on doit éviter : 363.
Il est évident que nous n'allons parler que d'un *présent élargi* grâce à notre inconscient. Nous avons la faculté de conduire notre voiture de vie pas simplement en nous concentrant sur nos pneus avant, mais en projetant notre regard « conscient/inconscient » au-devant de nous, pour distinguer nos portes ouvertes ou fermées, les écueils à éviter, les tournants à prendre, les impasses ou les chances à ne pas

laisser passer. Cela nous permet de voir, sur un an ou deux, la direction que nous avons prise et les obstacles ou les facilités que nous pouvons rencontrer. C'est cette acuité qui va nous permettre de développer notre libre arbitre, d'oser ou de faire le gros dos selon les circonstances. Et surtout de na pas avancer à l'aveuglette ! Nous seuls pouvons le savoir ; le thérapeute en face ne fait qu'écouter et traduire notre propre langage.

Au-dessous et à côté des nombres exprimés, on tracera plusieurs lignes pour placer chaque déclinaison en une sorte de tableau synthétique qui permettra de visualiser l'ensemble.
Approchons-nous d'abord des 12 Maisons et de leur symbolique :
– I : la couleur principale de l'année.
– II : nos acquis, nos richesses ; nous devons nous débarrasser des valises inutiles, couper les vieilles ficelles qui nous paralysent ou sortir les bons outils pour continuer l'aventure de notre vie.
– III : les « autres » ; collègues de travail, clientèle…
– IV : la stabilité affective ; la famille, le mariage ou la vie en commun, le lieu où nous habitons.
– V : la créativité ; les enfants, l'enfant que nous sommes nous-mêmes, nos possibilités de développer des projets, des idées, notre côté inventif et créatif.
– VI : métro-boulot-dodo ; le travail, la vie de tous les jours.

– VII : le partenaire affectif, l'autre, qui peut dans de nombreux cas ne pas être le mari ou la femme officiels.
– VIII : l'inconscient, le subconscient ; tout le domaine subjectif, ce qui nous dicte ces nombres.
– IX : la Recherche ; quelle est ma quête, comment je m'y prends, est-ce que je trouve ce que je cherche ?
– X : la réalisation de l'année ; en nous, le temps n'existe pas, c'est ce qui va se réaliser en premier.
– XI : l'amitié, la famille que nous nous choisissons.
– XII : l'épreuve, le défi de l'année ; ce que nous devons franchir ou dépasser. L'épreuve peut aussi être d'accepter le bonheur.

NOMBRE	MAISON	TOTAL	DÉCLINAISON	SYNTHÈSE
12 56 12 + 11 = 23	I	5/ 2 3	5/ 2 3 12 11/ 5 6	5, 12, 5 ☆ ☆ ☆
73/2 44 10 + (2 + 8) = 20	II	20/ 10 10	20/ 1010 7 3 2 8/ 4 4	10, 10, 3 ☆ ☆ ☆ 4, 4 □ □
8 376 8+(3+13)= 24	III	6/ 2 4	6/ 2 4 8 16 3 13 7 6	2, 16 ◫ ◫ 6, 13, 6 ♥ ♥ ♥
52 (605) 7+ 11= 18	IV	18/ 7 11	18/ 7 11 5 2 6 (0) 5	18, 11 □ □ 5, 5 ☆ ☆
8 (217) 8+(2+17) = 27	V	9/ 2 7	9/ 2 7 8 19/ (21 – 17)	9, 2 ◫ ◫ 7, 21 ‿ ‿
5 22 8 16 27+ 24 = 51	VI	6/ 5 1	6/ 5 1 9/2 7 6/2 4	9, 2, 2, 16 ◫ ◫ ◫ ◫ 6, 6 ♥ ♥

			5 22 8 16	5, 5 ☆ ☆ 1, 8 → →
7 2 56 7+(2+11)= 20	VII	20/ 7 13	20/ 7 13 2 11/ 5 6	6, 13, 20 ♥ ♥ ♥
73 2 63 10+(2+9)= 21	VIII	21/ 10 11	21/ 10 11 7 3 2 9/ 6 3	2, 9 ◫ ◫ 10, 3, 3 △ △ △
8 (217) 8+(2+17) = 27	IX	9/ 2 7	9/ 2 7 8 19/ (2 1- 17)	9, 2 ◫ ◫ 7, 21 ‿ ‿
5 22 5+22= 27	X	9/ 2 7	9/ 2 7 5 22	9, 2 ◫ ◫
4 (211) 4+(2+11) = 17	XI	17/ 4 13	17/ 4 13 (21-11)	4, 11 □ □
8 (316) 8+(3+16) = 27	XII	9/ 2 7	9/ 2 7 8 19/ 3 16	9, 2, 16 ◫ ◫ ◫
La somme de tous les Titres = la quintessence	149 14+9=23	5/ 2 3	5/ 2 3 14 9	Aucun nombre d'un même arbre

Et les 3 nombres complémentaires, les témoins : T P (temps présent), T F (temps futur), J (juge).

NOMBRE	TÉMOINS	TOTAL	DÉCLINAISON	SYNTHÈSE
4 229 4+(22+9) = 35	T P	8/ 3 5	8/ 3 5 4 4/ 3 1 22 9	3, 3 △ △ 4, 4 □ □ 8, 1 ➞ ➞
746 210 7+10+(2+10)= 29	TF	11/ 2 9	11/ 2 9 17/ 12/ 7 10/ 2 1 10 4 6	2, 9 ◫ ◫ 4, 11 □ □ 10, 10, 17 △ △ △ 21, 7 ‿ ‿
3 63 3+ (6+3) = 12	J	12/ 3 9	12/ 3 9/ 6 3	3, 3 △ △

Je rappelle les sigles pour identifier les arbres de connaissance :

Entreprendre	*Apprendre*	*Comprendre l'idée*	*Prendre sa place*	*Communiquer*	*Aimer*	*Repos, facilité*
➞	◫	△	□	☆	♥	‿

Interprétation

•En Maison I : 12 56 (n'oublions pas que je ne réduis pas les nombres inférieurs à 22).
La couleur dominante de l'année a été exprimée par :

```
            5/
            ‿
            2 3
   12              11/
                   ‿
                   5 6
```

Repérons tout d'abord la récurrence des nombres par arbre, sachant que, à chaque fois que j'ajoute *7* à un chiffre donné, je sais que je suis dans le même arbre. Les trois chiffres d'un même arbre vont de *7* en *7* (ex : 5, 12, 19).
Ici, j'ai trois chiffres de l'arbre de Communiquer :
– le 5 dans le Titre ;
– le12 dans Être ;
– le 5 dans Faire.

La dominante de l'année, ce sont les contacts.
– Dans Être avec un tournant (le 12) de communication qui me correspond. Et un 5 / 2-3 qui exprime l'ouverture entre le 2 – ce que je suis et le 3 – ce que je peux faire naître.
– Dans Faire, sur la droite, le 11 / 5-6 exprime le devenir, avec force (le 11), les contacts qui ne m'enchantent ou ne m'enthousiasment pas. 5 : ouverture et 6 : affectif.

• En Maison II : *73 244* parle des acquis, des vieilles valises ou des richesses.

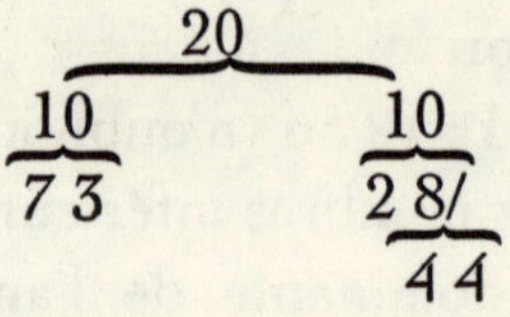

– Le Titre : 20 formé d'un 10 à gauche, lui-même formé d'un 7 et d'un 3, et d'un 10 à droite qui vient d'un 2 et d'un 8, lui-même formé de deux 4.

Attention : le Titre ne peut jamais être la résultante. Il prend la couleur de ce qu'il contient, il est donc un total positif ou négatif suivant les chiffres exprimés. Ici, il pose les questions : « Est-ce que je prends mon espace ? Est-ce que je sors de mes problèmes… est-ce que je réussis ? »

Tout cela est bien sûr en rapport avec la Maison, qui parle des *acquis*. La réponse est donc en dessous à gauche.

– Dans Être : 10 / 7-3 : le 7 et le 10 expriment un changement radical. Avec le 3 et le 10 qui appartiennent à l'arbre de Comprendre, de l'évolution des projets ou des idées, soit, dans ce qui est en ce moment, tout bouge dans mes projets actuels.

– Dans Faire, sur la droite, j'ai un autre 10, mais celui-ci est formé de nombres pairs, donc immobiles, passifs : 10 / 2-8 / 4-4 ; ces nombres ne peuvent donc pas passer dans l'action, ils restent dans le passage. Le 10 devient négatif, et les deux 4 qui appartiennent à l'arbre de Prendre montrent que je prends place dans un passage où je ne peux pas faire ce que je veux, je ne peux pas rouler comme je l'entends.

Si, dans Être, tout me pousse à un changement avantageux dans mes acquis, il reste encore des passages obligés dans lesquels « j'ai pris place », mais qui me handicapent.

• En Maison III : 8 376 a été exprimé dans la Maison des « autres ».

```
            6/
           ⏞
           2 4
   8              16/
                 ⏞
                 3 13/
                   ⏞
                   7 6
```

J'ai ici deux arbres :
– 2 et 16 : Apprendre.
– 13, 6 et 6 : Aimer.
– Le Titre est formé de trois chiffres pairs : 6 / 2-4, mais n'oublions pas que le Titre n'est pas la résultante. Dans ce cas, il parle d'un malaise affectif. Je suis dans la Maison des autres, la question est donc : « Vais-je sortir de ce malaise par rapport aux autres ? »
– Dans Être, à gauche, j'ai un 8 dans « ce qui est » ; j'ai donc le mode d'emploi (8 = la loi), mais, comme c'est un nombre pair, pour l'instant je subis les autres, même si j'ai la possibilité que cela change.
– Dans Faire, à droite, tout bascule positivement : j'ai le 16 qui répond au 2 du même arbre situé dans le Titre, et mon 16 est formé d'un 3 et d'un 13, lequel vient à son tour d'un 7 et d'un 6 : cela signifie que je sors du malaise affectif

évoqué plus haut et que je trouve les solutions (le 2 : apprendre, et le 16 : eurêka, j'ai trouvé !). Tout se prépare (le 3) et je vais vers une transformation (le 13) très heureuse (le 6)
Notons que le 6 se trouve dans le Titre comme dans Faire, et le 13 dans le sous-Titre, et que ces trois chiffres font partie de l'arbre d'Aimer.

• En Maison IV : 52 605, il s'agit de stabilité affective, de la famille, du couple ou du lieu où l'on habite.

18/
7/ 11/
5 2 6 (0) 5

J'ai ici deux arbres :
– 11 et 18 : Prendre.
– 5 et 5 : Communiquer.
– Dans Être, à gauche, j'ai le *7* / 2-5. Le *7* parle des facilités qui viennent d'une ouverture (le 5) qui s'ouvre ensuite sur une nouvelle page de vie (le 2)
– Ensuite, je passe par la joie (le 6) en prenant force (le 11) et créativité (le 18).
– Cependant, le 0 indique qu'il y a encore un pas à faire, et la rencontre (avec le 5) vient confirmer l'autre 5 qui était dans Être : tous deux appartenant à l'arbre de la Communication, cela confirme l'ouverture vers une rencontre.

• En Maison V : 8 217 est exprimé dans la partie de la créativité, la Maison des enfants, de l'enfant que l'on est soi-même, du côté ludique de la vie, inventif et innovateur.
Dans 8 217, nous entendons 8(mille) 2(cent) 17 ; nous remarquons ici deux chiffres mélangés, le 21 et le 17. En effet, le 1 du 21 est commun au 1 du 17 ; cela s'appelle un nombre commun pour deux ensembles, autrement dit, ils ne peuvent pas se passer l'un de l'autre : pas de 21 sans 17, pas de 17 sans 21. Or, quand je prononce ce nombre, j'entends le 17 ; il sera prioritaire, et je dirai donc 17 +2 = 19.

9/
2 7

8 19/
(21- 17)

J'ai ici deux nombres d'un même arbre dans le Titre :
–9 et 2 pour Apprendre,
–puis deux autres de l'arbre du Repos et de la facilité : le 7 et le 21.
Le Titre, avec le 2 et le 9, pose la question : « Est-ce que je trouve à développer ma créativité ? » (Nous sommes dans la Maison IV.)
– Dans Être : le 8 dit que j'ai le mode d'emploi.
– Dans Faire, sur la droite, il apparaît que je réalise sur le devenir facilement (avec le 7 et le 21). D'autre part, le 17 – inséparable du 21 – indique que *je me donne* cette réalisation et qu'elle voit le jour (le 19).

• En Maison VI : le nombre 522 816 s'exprime dans le domaine du travail, du quotidien, de la vie de tous les jours, « métro, boulot, dodo ».

6/
5 1

9/27 — 6/24
5 22 — 8 16

– 1 et 8 de l'arbre d'Entreprendre.
– 2 et 9 de l'arbre d'Apprendre à gauche.
– 5 dans le Titre et 5 dans Être de l'arbre de Communiquer.
– 6 dans le Titre et 6 dans Faire de l'arbre d'Aimer.

Dans la Maison du travail, je dois donc entreprendre, apprendre et découvrir par la communication la possibilité de faire ce que j'aime. Rien qu'en passant par les arbres, la réponse m'est donnée !

• En Maison VII : 7 256 pour ce qui concerne mon partenaire affectif.

Là, je découvre que je raconte la même histoire dans cette Maison que dans celle de la stabilité affective :
– Dans la Maison IV : 52 605 ; nous avons un 7 (du 5 + 2) et un 11 (du 6 + 5).
– Dans la Maison VII : 7 256 ; idem avec un 7 et un 11 venant du 5 + 6.

J'ai donc confirmation de la réponse dans deux Maisons qui parlent de l'affectif.

20/
7 13/
2 11/
5 6

J'ai tout l'arbre d'Aimer dans la Maison du partenaire : 6, 13 et 20.
– Dans Être, le *7* m'indique que je ne suis pas à pied, c'est-à-dire que j'ai les moyens de passer par une transformation affective, avec 13 et 20.
– Dans Faire, et que je ne connais pas encore (le 2). Le 5 signale que je vais vers une ouverture puissante (le 11) d'un amour (le 6) : tout cet arbre est décliné sur la droite, soit sur le devenir.

• En Maison VIII : l'inconscient, le subconscient et toutes les richesses intérieures ont été exprimées par le nombre *73 263*, décliné comme suit :

21/
10/ 11/
7 3 2 9/
6 3

– Il y a deux chiffres de l'arbre d'Apprendre sur la droite, dans Faire : le 2 et le 9.
– Et trois chiffres de l'arbre de Comprendre dans Être : le 3 et le 10.
–Puis encore un 3 dans Faire.
– D'autre part, le *7* et le 21 situés dans Être appartiennent à l'arbre du *Repos, de la facilité*. Sou-

venons-nous que le *7* et le 10 ensemble parlent de changement, et dans ce cas, d'évolution radicale dans la Maison de l'inconscient.
On est donc en ce moment dans une période d'évolution facile (*7* – 21) et radicale (*7* – 10), mais on cherche encore (2 – 9) à développer des projets (le 3) qui nous plaisent (le 6).

• En Maison IX : la recherche. Le nombre exprimé aide à trouver une réponse aux questions : « Qu'est-ce que je cherche ? Comment ? Trouverai-je ce que je cherche ? ».
8 21*7* : nous nous rendons compte que le nombre qui a été exprimé spontanément dans cette Maison est le même que celui exprimé en Maison V, celle de la créativité ! Cela confirme que la recherche est donc liée à la créativité.

9/
2 *7*
8 19/
(21- 1*7*)

Ma recherche est donc tendue vers le désir de passer par mes facilités (*7* et 21) de réalisations créative. Ma recherche est couronnée de succès, puisque je me donne (le 1*7*, à droite) les moyens de la mettre en lumière (le 19, à droite).

• En Maison X : concernant la réalisation, le nombre exprimé était le 522.

9/
2 7
5 22

Un seul arbre apparaît, dans le Titre : 9 et 2 nous parlent d'Apprendre et chercher.
L'ouverture de réalisation est déjà présente dans Être (le 5), et je vais pouvoir m'ouvrir à une foule de réalisations différentes (le 22), ce qui veut dire que je peux goûter à tous les plats.

• En Maison XI : le 4 211 va nous parler de notre rapport aux amis, à la famille que nous nous choisissons.
Dans ce cas-ci, comme tout à l'heure, deux chiffres sont mêlés : le 21 et le 11. Le 1 leur est commun, mais on entend le 11, il sera donc prioritaire et l'on dira 2 et 11 = 13.
4 + (211) = 4 + 13 = 17

17/
4 13
(21-11)

– Le Titre (17) pose la question : « Qu'ai-je reçu comme amis, ou que puis-je me donner ? »
– Le 4 à gauche et le 11 à droite appartiennent à l'arbre de Prendre : j'ai déjà des amis qui ont pris place dans ma vie et je me donne (le 17 en Titre) une transformation (le 13). Cette transformation est formée du 21 et du 11 liés. Ce que l'on peut traduire ainsi : les amitiés qui avaient pris place (le 4, à gauche) vont se transformer

(le 13) dans une réalisation (le 21) puissante (le 11).

• En Maison XII : le nombre exprimé va nous parler des épreuves, du défi à relever cette année.
8 316 = 8+ (3+16) = 27

9/
2 7
8 19/
3 16

Le défi de l'année est que j'ai le mode d'emploi dans ce qui est (le 8, dans Être) pour aboutir à ce que l'on cherche (le 2 et le 9). Ces deux chiffres présents dans le Titre renvoient à l'arbre d'Apprendre et de chercher.
Les projets (le 3) sont mis en lumière (le 19), et je trouve ce que je cherche depuis longtemps (le 16).
Il y a aboutissement du 2 (apprendre) et du 9 (chercher), qui sont du même arbre que le 16 (trouver).

• La quintessence : s'obtient en effectuant la somme de tous les Titres.
Le nombre est 149, réduit à 5 / 2 3, décliné comme suit :

5/
2 3
14 9

Ce nombre évoque une fin d'épreuve avec le 14 à gauche, mais le 2 et le 9 indiquent qu'il y a encore un temps de recherche, d'apprentissage plutôt long.

Voyons à présent ce que nous disent nos trois témoins, notre « preuve par trois » pour confirmer ou infirmer le thème :

1 – Témoin du passé, le pied en arrière.
2 – Témoin du futur, le pied en avant.
3 – Le juge : par où il faut passer ou ce qu'il y a à éviter.

1 – <u>Témoin du passé</u>

4 229 : 4 + (22 + 9) = 35

```
               8/
              ⏞
              3 5
      4                4/
                       ⏞
                       3 1
                    ⏞
                    22   9
```

– Deux nombres de l'arbre d'Entreprendre : le 8 du Titre et le 1 à droite.
– Deux nombres de l'arbre de Comprendre : le 3 dans le Titre et le 3 du 31, à droite.
– Deux nombres de l'arbre de Prendre : le 4 à gauche, dans Être, et l'autre 4 à droite, dans Faire.
Ce qui se traduit de la façon suivante : dans ce qui existe déjà, avec ce que j'ai construit (le 4), j'entreprends (le 8 et le 1) de passer par ma liberté (le 22), mais je suis encore en recherche (le 9, à droite).

2 – <u>Témoin du futur</u>
7 46 210 : 7 + (4 + 6) / + (2 + 10)
17 + 12 = 29 = 11.

```
          11/
          2 9
     17/        12/
    7 10/     (21- 10)
     4 6
```

– Deux chiffres de l'arbre d'Apprendre : 2 et 9
– Trois chiffres de l'arbre de Comprendre : le 17 et le 10 de gauche.
– Deux chiffres de l'arbre de Prendre : le 11 du Titre et le 4 à gauche.
– Deux chiffres de l'arbre du Repos et de la facilité : le 7 à gauche et le 21 à droite.

Ma recherche (le 2 et le 9) de maîtrise de force (le 11) est déjà dans un changement radical (le 7 et le 10). Les projets évoluent (le 17 et le 10 : arbre des idées et des projets), puis ils prennent place et force (le 4 et le 11 : arbre de Prendre). Situés sur la droite – le futur – le 10 indique que les projets évoluent totalement et facilement (le 21-10).
Avec le 7 et le 21 de l'arbre de la facilité, le futur s'annonce excellent et dans la continuité de ce qui est déjà commencé.

3– <u>Le juge</u>
ce qui est à éviter ou les passages obligés.
3 63 : 3 + (6 + 3) = 12

12/

3 9/

6 3

Nous avons ici deux chiffres de l'arbre de Comprendre des projets, avec un 3 à gauche et un 3 à droite. Rappelons-nous que le 3 et le 12 ensemble nous parlent de renaissance, ils jouent un rôle dans Être comme dans Faire.
Les projets passent donc par un tournant de renaissance dans ce qui est actuellement (avec le 12 et le 3 dans Être). Cependant, je cherche encore (le 9) à passer mes idées et mes projets vers le futur, à droite, et ce uniquement par ce que j'aime (le 6), situé en Passage.

Enfin, pour approfondir le contenu du thème nombrologique, nous avons la possibilité d'effectuer soit un tirage de questions-réponses avec la phrase, soit un tirage des quatre éléments, tels que nous avons appris à les approcher.

Amusons-nous à poser des questions sur des sujets différents avec un même nombre exprimé. La réponse prendra alors la couleur de la question.
Exemple : 2 9 16, nous avons tout l'arbre d'Apprendre avec 2 : apprendre, 9 : chercher et 16 : trouver.
1re question : « Vais-je rencontrer le grand amour ? »
2916, la réponse est : vous ne l'avez pas encore

trouvé (le 2 est dans Être, à droite), vous passez par une attente et une recherche assez longues (le 9), mais vous trouverez l'heureux élu (avec le 16 dans Faire, à gauche).
2e question : « Vais-je trouver du travail ? »
Le 2 916 vous dit : vous n'avez encore rien trouvé (le 2 dans Être), vous cherchez et c'est un peu long (le 9), puis vous trouvez (le 16).
3e question : « Y aura-t-il une amélioration matérielle ? »
2 916 : ce n'est pas Byzance, pour l'instant ! 2 : vous passez par une période de vaches maigres et des temps un peu difficiles (le 9), puis, eurêka, vous trouverez les moyens de vous remplir les poches (le 16) !
4e question : « Qu'en est-il de ma santé ? »
2 916 indique que, pour le moment, vous n'avez pas trouvé le mode d'emploi (le 2) pour être bien ; vous passez par une période de recherche difficile et de convalescence assez longue (le 9), puis vous trouvez à vous rétablir complètement (le 16).

Si le nombre avait été 2316, on passerait du 2 au 16 (qui sont du même arbre), mais sans la notion du temps et de recherche donnée par le 9 ; la solution serait alors rapide.

Exemple : 20 13 6, tous du même arbre :
Si vous exprimez un nombre avec plusieurs chiffres de l'arbre d'Aimer, mais que votre question porte sur le travail, cela n'indique pas que vous trouvez l'amour dans votre activité,

mais que vous avez la possibilité d'une grande joie dans votre métier ou de développer une vocation, quelque chose qui vous « tient à cœur » dans ce domaine.
S'il est question de santé, ce nombre vous parle de joie et de guérison.
S'il est question d'argent, vous avez exprimé par ce nombre une grande satisfaction.
S'il est question d'amour, vous exprimez bien sûr réussite et plénitude affectives.

Si vous vous amusez à vous donner des nombres, n'oubliez jamais les quelques règles suivantes :
1 – Ils doivent toujours être exprimés spontanément, et n'avoir donc aucun rapport avec des références de dates, de codes, etc.
2 – Ils doivent être au minimum formés de trois chiffres.
3 – Ce sont les *7 arbres* (Entreprendre, Prendre, Comprendre, Prendre, Communiquer, Aimer et Se reposer) qui vous guideront au départ pour répondre à vos questions.
4 – On ne prend en compte un arbre que s'il y a au moins deux chiffres qui appartiennent à ce même arbre.
5 – L'excès de nombres pairs est négatif : on est passif, on subit. Il y a cependant deux exceptions à prendre en compte :
– le 20 (formé d'un 14 et d'un 6 : j'ai deux nombres de l'arbre Aimer, et le 14 indique l'harmonie, la fin des épreuves) ;
– le 14 (formé d'un 6 et d'un 8, qui parlent d'harmonie et d'équilibre affectif).

Sinon, en cherchant simplement le sens de l'arbre trouvé dans un nombre exprimé, on est sûr d'avoir une réponse juste. La précision apportée par l'interprétation de l'articulation des chiffres entre eux ne viendra qu'avec du temps et de la pratique.

Et maintenant, une récréation ! Amusez-vous à vous poser des questions et choisissez, pour l'heure, de vous exprimer avec un nombre compris entre 100 et 200. À présent, voici les réponses…

6

L'oracle des nombres

... **O**u comment répondre à nos interrogations en disant un nombre au hasard.

Maintenant que vous avez une petite idée de ce que la traduction de la mélodie des nombres peut apporter à chacun, je vous propose un jeu. N'oubliez pas que le nombre est un outil de découverte permettant d'être acteur et non plus seulement spectateur. Soyons enfants ! Réapprenons à vivre au jour le jour ! Écoutons ce diamant de connaissance au fond de nous !

Entre deux amis n'a que deux paroles

Dites spontanément un nombre compris entre 100 et 200 et reportez-vous à la réponse donnée.

T = travail
A = amour
S = santé
Ag = argent

100

T – Vous êtes en pleine évolution. Vous avez besoin de changer de travail ou de faire évoluer ce dernier. Vos idées se bousculent à cent à l'heure, la nécessité de bouger, de changer est grande. Des démarches sont à entreprendre, mais vous n'avez pas encore commencé. Toute cette richesse d'idées et de projets ne pourra prendre corps que si vous décidez de faire un pas et d'aller de l'avant. C'est le moment ou jamais !

A – Vous avez envie de tout faire bouger, d'évoluer dans le domaine affectif. Vous avez raison, c'est le moment. Vous entrez dans un nouveau cycle où tout s'y prête. Mais, si vous voulez que ces changements apportent les bénéfices souhaités, il vous faut comprendre que vous en êtes l'acteur. Entreprendre, commencer, faire le premier pas ! Chacun est le propre moteur de son renouveau.

S – Enfin, vous voilà débarrassé de tous vos problèmes ! Vous êtes en pleine évolution positive. C'est le moment d'en prendre conscience : n'hésitez pas à œuvrer dans la dynamique mise en route. Vous vous ouvrez à un rythme de vie différent. Pourquoi ne pas vous essayer au sport, aux massages ou bien à la thalasso ? Que la question soit pour vous ou pour quelqu'un de votre entourage, il vous faut de toute évidence passer à l'action.

Ag – Vous avez envie que les choses se modifient sur le plan matériel. Vous avez besoin de gagner de l'argent, d'en dépenser ; eh bien, c'est le bon moment pour ce faire ! Vous entrez dans un nouveau cycle très mobile et très positif, le vent souffle du bon côté. À vous de mettre vos voiles dans le bon sens : toute action tendra vers un mieux-être matériel et sera couronnée de succès.

101

T – Grand renouveau dans le travail et des possibilités de réussite en perspective. Avec la force et la maîtrise comme atouts, c'est le moment de bouger : l'action est votre amie ! Pas d'hésitation, vous pouvez aborder des choses nouvelles, entreprendre. Par ailleurs, tout ce qui est nouveau est appelé à évoluer de façon positive.

A – Quelle chance, en ce moment ! L'affectif est à l'ordre du jour. Des occasions d'un renouveau sentimental s'offrent à vous. Très belle amélioration dans tout ce qui touche aux amours : décider et prendre des initiatives vous apportent des résultats positifs. Vous avez l'énergie comme alliée, n'hésitez pas à vous en servir. Dynamique, action, renouveau sont bel et bien au menu.

S – S'il y a eu des problèmes de santé, ils disparaissent. Évolution positive, force et énergie sont de retour. Il est excellent de bouger en faisant du sport ou de la marche. L'essentiel, en ce moment, est de vous aérer, de respirer. La santé revient, mais en passant à l'action. La vie apporte la chance d'un renouveau, à condition de redémarrer sur une autre façon de vous soigner et de vivre.

Ag – C'est ce que l'on appelle une période faste… Un changement positif au niveau des finances est certain. Une période active, évolutive, s'ouvre, où entreprendre des choses inédites n'apportera que des succès. Il est bon d'agir pour faire fructifier votre avoir. Mais ce renouveau matériel n'arrive que par votre dynamique personnelle. Tout est à revoir : sortir des sentiers battus vous ouvre des horizons totalement neufs et productifs.

102

T – Nouveau cycle dans le domaine du travail, qui vous oblige à claquer une porte sur le passé, à prendre une autre direction ou à opérer un tournant dans votre activité. Cela vous pousse à vous orienter vers une nouvelle manière de travailler ou vers une forme de vie professionnelle différente. Dans tous les cas, vous devez vous ouvrir à un autre mode de fonctionnement. C'est peut-être le moment de vous tourner vers d'autres horizons et d'accepter l'inconnu.

A – En amour, c'est tout à fait le moment d'agir, de prendre un virage, de changer votre façon de faire ou de tourner définitivement la page. Fini le quotidien et les habitudes ! Tout bouge, et vous pouvez avoir la joie de vous ouvrir soit à une nouvelle rencontre, soit à une autre façon de vivre votre vie affective. N'ayez pas peur de l'inédit, adoptez un nouveau mode de vie sentimental.

S – Tout ce qui est du domaine de la santé est en évolution favorable. S'il y a eu un problème, vous en sortez. S'il n'y a rien à signaler, tout continue à bien rouler pour vous. En revanche, vous avez tout intérêt à modifier votre manière de vous soigner. Orientez-vous sur d'autres méthodes ou sur un nouveau rythme de vie. D'ailleurs, toute activité physique est excellente. Accepter d'ouvrir une porte sur une autre façon de vivre, inconnue à ce jour.

Une seule pierre peut suffire à chasser cent corbeaux

Ag – C'est *le* moment de prendre un virage sur le plan matériel. La période est propice au développement de votre vie financière. La condition : oser vous y prendre différemment et vous donner les moyens d'asseoir votre sécurité matérielle. Mais, une fois encore, cela ne peut se faire que si vous acceptez le risque de vous ouvrir à l'inconnu. Vous ne pouvez vous cantonner aux sentiers battus. Intéressez-vous à des sources de revenus auxquelles vous n'aviez jamais pensé.

103

T – Grand branle-bas de combat dans tout ce qui touche le travail. Tout bouge, tout se transforme, et c'est excellent. C'est une période durant laquelle votre intelligence peut développer sa créativité. Ayez confiance en vos idées, vous en recueillez les fruits. Mais vous avez intérêt à faire vite, à ne pas laisser passer vos chances. Attention et esprit de décision seront les garants de votre réussite. C'est le moment de récolter ce que vous avez semé : l'heure de la moisson est venue.

A – Mais oui, en amour, vous traversez bien une période évolutive, vous avez compris, enfin, comment agir ! C'est une phase de transformation affective où vous percevez que l'autre est complémentaire et que la richesse de la relation procède de votre différence à tous deux.
Si vous n'êtes pas accompagné en ce moment, c'est la bonne période pour une rencontre. Votre vie est en pleine mutation, le vent souffle dans le bon sens ; profitez-en ! Ne laissez pas passer les occasions. Soyez attentif, vous allez vers une renaissance et des opportunités créatives.

S – Sur le plan de la santé, vous allez vers un changement radical. Le temps est venu de développer une dynamique. Activité et transformation de votre rythme de vie sont les plus sûrs garants de votre bien-être. Ce n'est en aucun cas le moment de vous reposer, de rester immobile. Bien au contraire : faites ce qui vous plaît. Plus vous bougez, mieux vous vous porterez. Bref, c'est une véritable période de renaissance.

Ag – Ce n'est pas le moment de vous endormir. En cette période de dynamisme et d'activité, toutes les possibilités s'offrent à vous pour changer de vie et recueillir les résultats financiers attendus. Phase de créativité, où l'importance de la récolte dépendra de la vivacité d'esprit. Les projets, les idées nouvelles sont porteuses de succès. N'hésitez pas à inventer, à innover, votre intelligence vous permettra de sortir de n'importe quelle difficulté.

104

T – Tout bouge dans le monde du travail ! Surtout, ne craignez pas les changements : ils vous apportent non seulement épanouissement, mais aussi stabilité et sécurité. Vous allez vivre une alternance de nouveauté et de douceur de vivre. Après tous les mouvements et modifications qui vont avoir – ou qui ont eu – lieu, vous pourrez délicieusement faire la planche dans un bien-être mérité.

A – Eh oui, c'est la fin des épreuves ! Vous concluez une période qui a pu être lourde et difficile, et atteignez enfin la plage. Douceur de vivre et sécurité affective sont au programme, mais il ne faut pas pour autant vous croiser les bras. C'est une période dynamique où vous acceptez de changer, de bouger. Vous devez évoluer dans votre façon de vivre. L'amour apporte calme et volupté, mais pas dans une vie immobile, trop soumise au quotidien, plutôt dans une diversité joyeuse du rythme amoureux.

S – Si vous avez eu des soucis, c'est fini ! Vous êtes dans une période d'évolution favorable.

Au programme : plaisirs et repos. C'est le moment de vous dorloter, de vous gâter. Veillez à alterner repos et dynamisme pour optimiser cette transformation vers l'épanouissement de votre corps. Une chose est certaine : vous êtes en route vers une guérison complète et une stabilité retrouvée.

Ag – Enfin, tout danger s'efface à l'horizon ! Vous entrez dans un nouveau cycle sécurisant. Bien sûr, ce n'est pas la fortune qui tombe soudain du ciel, mais les soucis s'estompent. Vous ne gagnez pas à la loterie : ces changements positifs viennent de votre dynamique personnelle. En échange, la vie se fait câline. C'est le moment de passer à l'action pour retrouver une véritable stabilité.

105

T – Si vous êtes sans emploi, le temps est venu de faire démarrer le moteur.
Si vous êtes déjà en activité, celle-ci évolue de façon très positive. Vous avez déjà abordé un nouveau cycle, et des portes s'ouvrent devant vous.
Cette année, tout peut se concrétiser, et, si vous passez à l'action, vous trouverez facilement un renouveau dans vos activités. Les démarches entreprises vont aboutir, à condition que vous soyez dans le mouvement. Le vent souffle dans le bon sens ! Alors, mettez les voiles pour vous diriger vers les buts que vous vous êtes fixés.

A – En amour, c'est le moment de concrétiser vos désirs. Changements en perspective ! Vous auriez envie de rencontrer quelqu'un ? La porte est ouverte !
Vous voudriez évoluer dans des amours existants ? Eh bien, c'est possible, le tout étant de ne pas hésiter à sortir, à prendre des contacts. Toute ouverture de votre part apportera des résultats. Saisissez les opportunités qui s'offrent à vous, elles ne demandent qu'à s'engouffrer dans votre vie.

S – Vous entrez dans un nouveau cycle où l'énergie revient, mais cela implique que vous changiez de mode de vie. Plus vous donnez de mouvement à votre corps, plus vous faites d'exercice, plus l'harmonie s'installe durablement.
Si vous avez été souffrant, vous êtes bien sur le chemin de la guérison.
Si vous êtes déjà en forme, les activités physiques permettront d'accroître encore votre dynamisme.

Une maison solide vaut mieux que cent en ruines

Ag – De véritables possibilités de changement dans le domaine des finances s'offrent à vous. Faire circuler l'argent est plus valorisant que de thésauriser. C'est le moment de vous tourner vers des placements qui peuvent apporter une évolution, ou d'effectuer une petite mise de fond qui ouvre des portes. L'action est bénéfique : n'hésitez pas à prendre des initiatives ou à demander un crédit. C'est vraiment une année de déblocages.

106

T – Grande période d'évolution : chance et réjouissances sont au programme. Tout cela est à votre porte. C'est rapide, inattendu, vous pouvez trouver un travail tout de suite ou bien connaître une transformation très heureuse dans ce dernier. En tout état de cause, la joie et le plaisir sont au rendez-vous. Vous pouvez enfin vous préparer à fêter ça avec vos amis et à faire sauter les bouchons de champagne. Vous avez par ailleurs le bonheur que tout arrive sans efforts !

A – Vous laissez derrière vous les échecs et les difficultés affectives du passé. La chance vous sourit enfin. Coup de foudre ou vie nouvelle, la surprise peut être de taille. Mais ce n'est certainement pas en restant enfermé chez vous : sortez, allez faire la fête !
Si l'amour est déjà entré dans votre vie, une joie inattendue pointe son nez. Encore un des nombreux cadeaux de la vie !

S – Sur le plan de la santé, une surprise vous attend. Soit vous avez eu peur de quelque chose et une excellente nouvelle vient vous rassurer, soit vous êtes dans une période d'énergie formidable, de joie de vivre retrouvée. Votre corps n'a envie que de se déployer dans la fête, et vous avez du dynamisme à revendre.

Ag – La chance vient gentiment vous caresser la joue, alors pourquoi ne pas jouer une petite somme au loto ? Ou alors, sur le plan financier, un cadeau passe. Soyez attentif à ne pas le laisser filer. Dans tous les cas, grand bonheur et surprise en vue. Attention, cependant : « Plaisir d'argent ne dure qu'un moment. » Évitez les dépenses inconsidérées...

107

T – Quelle belle évolution dans vos idées ! Vous êtes dans une période remarquable sur le plan de l'intelligence. Donnez-vous les moyens de mettre en œuvre les projets ébauchés : ils vous apporteront en effet la victoire et le succès. N'écoutez que vous-même, le travail entrepris ne peut apporter que des satisfactions – à condition de suivre intégralement ce qui a été projeté.

A – L'évolution dans les amours passe par l'intelligence. Comprendre l'autre, être compris de l'autre est primordial et c'est au programme ! Sinon, votre remarquable perspicacité vous permet de réussir merveilleusement dans votre vie affective. Dans tous les cas, vous êtes en phase de changement radical extrêmement favorable. Vous êtes en train de modifier votre façon de voir et de penser, et c'est tout bénéfice. Votre lucidité vous permet de ne pas vous tromper.

S – Excellente santé, si, toutefois, vous faites exactement ce que vous avez envie de faire. Vous savez parfaitement ce qui est bon ou pas

pour vous. Avant d'écouter les autres, fiez-vous à votre intuition : elle vous mène vers le bien-être, voire la guérison.
Si vous avez eu un problème, la pensée positive vous permet de retrouver l'harmonie du corps. Une certitude : vous renouez avec la vitalité. « Qui bien se connaît, bien se porte ! »

Ag – Virage à 180° en termes de finances. Votre perspicacité saura faire évoluer les événements dans le bon sens. Vous vous dirigez à grands pas vers le succès, à condition d'accepter de tout bousculer. Vous pouvez vendre, déménager, changer de lieu, voyager… Tout ce qui sortira des sentiers battus apportera l'aisance matérielle. Mais la victoire vient de vous, et de vous seul : ce sont vos décisions personnelles qui entraîneront la réussite.

108

T – Des choix sont à faire dans le domaine du travail – peut-être des contrats à signer tout de suite –, dans des délais très brefs. Dans tous les cas, une certitude : vous sortez du flou, du non-dit, et vous mettez rapidement en œuvre une créativité qui ne demande qu'à voir le jour ; le tout est d'agir promptement. Votre seul ennemi est l'immobilisme : ne limitez pas votre champ d'action, mais ne prenez pas non plus une direction dont vous n'entrevoyez pas l'issue. Faire vite, c'est bien, mais sans y voir clair, non !

A – Les événements se précipitent. Il peut y

avoir un changement de nature des sentiments, ou bien des émotions nouvelles ne demandent qu'à se manifester. Il serait judicieux de prendre à toute vitesse une initiative. Ce n'est pas le moment de tergiverser, de vous poser des questions, mais bien celui de suivre la route de vos envies.

S – Évolution très positive de la santé, à condition de prendre des décisions et de développer les activités. Votre bien-être est entre vos mains, mais, si vous n'y prenez garde, le manque d'action et de dynamisme peut paralyser votre énergie. Écoutez votre corps et ne freinez surtout pas, votre intuition vous montrera la voie ! « Le *corps* a ses raisons que la raison ne connaît pas… »

Il vaut mieux deux fois qu'une

Ag – Bonne circulation financière si vous acceptez la mobilité et si vous ne vous remettez pas trop en question : cela pourrait freiner les décisions rapides que vous auriez à prendre rapidement. Votre seul adversaire est l'immobilisme et les craintes non fondées, qui risquent de vous paralyser. Vous êtes dans un nouveau cycle qui vous permet, de façon certaine, d'aller vers des horizons plus dorés ! Dans votre cas, agir vite permet de gagner vite !

109

T – Très bonne période dans le domaine du travail ; cependant, vous avez tendance à freiner, à « chercher midi à quatorze heures ». Les situations sont pourtant claires, mais assombries par le doute. Ou bien vous cherchez dans une mauvaise direction et vous essayez d'ouvrir une porte fermée quand vous en avez une ouverte dans le dos ; ou encore votre manque de confiance en vous vous empêche de saisir vos chances. Suivez donc les courants de la vie sans vous poser trop de questions !

A – Pourquoi compliquer les choses ? Vous avez toutes les raisons d'être heureux cette année ; les courants affectifs sont en votre faveur. Votre vie ne demande qu'à s'épanouir. Attention, cependant, à ne pas laisser s'immiscer le doute et à ne pas chercher ailleurs ce que vous avez déjà. Ayez confiance en la vie, elle est prête à vous faire des cadeaux en forme de cœur. Ne vous mettez pas en péril en laissant s'installer des questionnements inutiles.

S – Aucun problème de fond à signaler sur le plan de la santé. Et pourtant ! Vous savez comment vous rendre malade simplement par inquiétude… Attention à ne pas devenir hypocondriaque : vous avez trop tendance à faire une véritable plaie d'une toute petite égratignure. C'est la peur qui engendre le danger. Je peux vous affirmer que vos énergies se bousculent au portillon, ne leur barrez pas le passage !

Ag – Pourquoi avoir tellement peur de manquer ? Vous allez pourtant vers un éclaircissement. Au lieu de freiner, d'économiser, vous avez tout intérêt à faire bouger et circuler l'argent. C'est en période de crise qu'il faut développer sa créativité, au lieu de rester frileux en attendant que les choses s'arrangent d'elles-mêmes. Pour vous, la politique actuelle est celle de la pleine croissance, donc pas question de mettre la tête sous l'aile... Passer à l'action permet de sortir des problèmes.

110

T – Grand renouveau en perspective : des possibilités de réussite s'offrent à vous. Force et maîtrise sont vos atouts. C'est le moment de bouger ! N'hésitez pas à entreprendre, à innover. Mettez toute votre énergie au service de l'action : votre travail est appelé à évoluer, mais il faut « mettre le paquet » !

A – Quelle chance, en ce moment ! Côté cœur, s'est le branle-bas de combat, avec des perspectives de renouveau affectif. Le moment est venu de décider, d'entreprendre. Très belle transformation dans tout ce qui concerne les amours : la passion est au rendez-vous, la tiédeur n'est pas au menu.

S – Les éventuels problèmes de santé disparaissent. Évolution positive : vous récupérez vos forces en beauté. Il est excellent de bouger : marchez, faites du sport. C'est en étant actif que vous vous porterez le mieux ! Plus on déploie de l'énergie, mieux on va.

Ag – Décidément, c'est une période faste ! Un changement important en termes de finances s'annonce de façon certaine. En ce moment, tout bouge, tout évolue dans le bon sens, pour peu que vous entrepreniez des activités nouvelles. Le temps est venu de faire fructifier l'argent et de récolter. L'action et l'énergie obtiennent tous les résultats escomptés.

111

T – Vous êtes dans une phase de changements très profonds. Toutes les énergies sont réunies pour assurer la réussite. Mais cette puissance et ce succès impliquent un changement radical. Imposez-vous sans tenir compte des influences extérieures, tout ce qui a été mis en place ou ce qui est en cours aura l'écho souhaité.

A – Vous vous dirigez vers une période de passion, mais il y a un prix à payer : vous devez claquer la porte avec vigueur sur le passé. Vous êtes à un tournant de vie permettant de maîtriser l'affectif. Ce n'est peut-être pas de tendresse qu'il s'agit, mais plutôt d'un feu d'artifice. Renaissance en force de tous vos désirs et possibilité de vivre tout ce qui a été décidé sur le plan sentimental. La passion est bien au rendez-vous.

S – Une énergie puissante se réveille. Elle vous permet d'effectuer un virage et d'aborder une période sereine sur le plan de la santé. Tous les petits malaises seront facilement maîtrisables.

Vous allez vers un renouveau. Action et dynamisme sont les moteurs d'une renaissance. Vous devez vous occuper de vous ou vous soigner d'une tout autre manière.

Ag – Quelle force allez-vous déployer pour sortir de tous vos problèmes financiers ! Vous avez vraiment la possibilité de claquer la porte sur les soucis matériels. D'ailleurs, la vie vous offre l'opportunité de réunir toute l'énergie nécessaire pour plonger résolument dans la réussite. Le courage intérieur vous permet de dynamiser l'action extérieure, et, les deux se conjuguant, vous vous rendrez maître de toutes les situations.

112

T – Vous avez la possibilité d'une transformation puissante, d'un tournant dans votre travail. Plus question de suivre le train-train ou de vous endormir sur vos lauriers ! Vous devez déployer toute votre énergie pour amorcer ce changement de direction, qui se révélera extrêmement profitable. Aucune hésitation à avoir, pas question non plus de reculer : tout retour en arrière ferait avorter les projets. Il faut plonger !

A – Quelle belle promesse d'évolution affective et passionnée ! De puissants changements sont au programme. Vous devrez vous défaire de toute hésitation, rien ne pourra vous retenir. Jetez-vous avec délice dans la folie amoureuse : « Qu'importe la *façon* pourvu qu'on ait l'ivresse… » (L'ivresse, c'est sûr, vous l'aurez, mais pas forcément la lucidité !) Ce qui est certain, c'est que vous allez connaître des moments intenses.

S – Si vous avez été fragilisé, vous êtes en train de retrouver toutes vos ressources. Avec force, vous vous dirigez vers une renaissance. Des modifications dans la façon de vous soigner apportent les bénéfices escomptés. Si au contraire, vous êtes en parfaite santé, il n'y a aucune crainte à avoir : votre dynamisme insuffle à votre vie une énergie qui vous conduit à un véritable bien-être.

Ag – Le moment est venu de faire évoluer votre vie sur le plan matériel. Avec détermination, vous vous engagez dans le virage qui vous ouvre les moyens d'une amélioration financière. L'heure de la moisson est venue ! Si l'on vous doit quelque chose, l'énergie est suffisante pour rentrer dans votre argent. Si vous désirez une augmentation, vous pouvez l'obtenir. Enfin, peu de choses vous résisteront, votre esprit de décision fera feu de tout bois.

113

T – Il vous faut opérer une mutation puissante dans le domaine des activités pour trouver l'épanouissement souhaité. Pas question de continuer à rouler comme avant, encore moins de vous ménager. Un travail conséquent est d'abord à développer. Le repos du guerrier se mérite.

A – Douceur et force sont au menu des amours ! Vous pouvez vivre la tendresse et la passion. D'ailleurs, vous les vivez simultanément. La tempête est passée, le soleil brille doucement, mais il est là et bien là pour vous réchauffer. Braises, tisons, feux de l'amour sont au rendez-vous. Vous obtenez enfin un bien-être mérité.

S – Si vous avez un problème de santé, il faut bien sûr vous soigner, mais de façon non agressive. Tout ce qui touche aux soins du corps par l'eau est à privilégier (balnéothérapie, hydrothérapie...). Mais surtout, le meilleur remède est d'être entouré d'affection, de vous donner du plaisir.

Jamais deux sans trois

Si vous êtes plutôt bien en ce moment, cela ne peut qu'aller de mieux en mieux. Dans tous les cas : grande transformation apportant un épanouissement certain.

Ag – Voici une importante évolution sur le plan financier. C'est le moment de « mettre le paquet » pour vous donner les moyens de mieux gagner votre vie ou d'avoir des rentrées d'argent supplémentaires. Par ailleurs, les efforts fournis apportent l'aisance matérielle souhaitée. Rien ne résiste à votre dynamisme, l'énergie déployée vous apportera de grandes satisfactions, et vous cueillerez les fruits de vos sacrifices !

114

T – Tous vos efforts se concrétisent puissamment au niveau professionnel. Ce n'est le moment ni de réfléchir ni de vous poser des questions. Il faut concentrer votre attention sur du palpable, sur du court terme. Même si vous avez l'impression d'être « au ras des pâquerettes », c'est pourtant là que vous allez récolter les fruits. Pas question d'être dans les nuages, œuvrez pour ce qui rapporte, pour une réalité tangible.

A – Si c'est d'amours romantiques que vous rêvez en ce moment, on ne peut pas dire que vous soyez dans la note ! Mais il peut y avoir un délicieux mélange de tendresse et d'attirance physique. Le corps exulte, et vous y trouvez votre compte, même si la tendresse vient plutôt après les câlins qu'avant. Eros est bien au rendez-vous, mais il semble avoir laissé ses ailes au vestiaire… Vous trouverez que c'est là une charmante manière de se déshabiller.

S – Pas ou plus du tout de problèmes de santé ! Votre corps retrouve toute son énergie. Résistance et solidité vous permettent de vous sentir un dieu du stade. Vous renouez avec la forme olympique, et la seule impression de faiblesse est d'ordre psychique. Même si vos inquiétudes vous font couper les cheveux en quatre, votre corps a un tel répondant qu'il aura bientôt fait taire ces appréhensions.

Ag – Quelle belle période s'ouvre devant vous

sur le plan matériel ! Force, épanouissement, concrétisation : tout se conjugue pour vous faire plaisir. Si vous êtes généreux, vous allez pouvoir gâter vos amis ; sinon, vous emplirez le grenier... Dans tous les cas, c'est une période où toutes les énergies doivent être concentrées à l'assise de votre situation financière. Cette année, « les petits ruisseaux font les grandes rivières ».

115

T – La chance vous sourit avec insolence dans tout ce qui concerne le domaine des activités. Avec force et efficacité, vous concrétisez. De très puissantes intuitions vous guident : elles permettent de réussir tout ce qui a été entrepris. Votre dynamisme et votre grande capacité de travail vous aideront à donner votre pleine mesure dans ce qui vous passionne.

A – Du passionnel – uniquement, exclusivement du passionnel ! Où est passé le petit dieu d'amour ? Il s'est glissé entre cuir et chair et s'y trouve fort bien : Cupidon ne veut pas être délogé. La passion est si forte, qu'importe la tendresse ! C'est la fête du corps plus que de l'esprit, mais on le sait bien : « Le corps à ses raisons... »

S – Vous allez pouvoir faire la fête, dépenser votre énergie à tout-va, vous en aurez même à revendre. Une puissance formidable vous anime, qui permet de dépasser toutes les inquiétudes. On peut même dire qu'il y aura excès d'énergie ! Profitez-en et investissez dans des actions servant d'exutoire à votre dynamisme.

Ag – Chance, chance puissante qui se concrétise ! On peut même dire chance insolente, alors pourquoi ne pas glisser quelques pièces dans les jeux de hasard ? À moins que l'héritage de l'oncle d'Amérique ou Crésus en personne vous bâtisse un château, non pas en Espagne, mais sur un bon terrain bien solide. Bref, avec un nombre pareil, vous vous ferez beaucoup d'amis – toutefois peut-être pas toujours désintéressés.

116

T – Dans toute activité, c'est la passion qui domine, l'occasion ne se présentant qu'à cette condition. Pourquoi ne pas envisager de non seulement trouver chaussure à votre pied dans le travail, mais aussi de ne plus voir le temps passer ? Tout vous intéresse, vous recevez et donnez l'énergie nécessaire pour accomplir enfin votre vocation.

A – Vous recevez en cadeau une passion totalement inattendue. C'est à la fête de la vie que vous êtes convié. Retenez un peu votre souffle, ou vous risquez de le voir coupé à cause des émotions. Vous allez être littéralement emporté dans un tourbillon. Mais l'intensité de ce qui vous sera donné ne perdurera que si vous mettez un peu de ponctuation dans votre histoire. N'oubliez pas de respirer !

S – Bonne surprise : si vous aviez des inquiétudes, elles se révéleront nulles et non avenues. Votre énergie retrouve ses droits, vous pouvez vous permettre de danser, de faire la fête. Mais gare aux excès ! Accordez-vous tout de même de temps en temps, en pointillé, un peu de calme et de repos. Enfin, vous aurez de l'énergie à revendre.

Ag – Vous obtenez les moyens de réaliser vos désirs. Ils arrivent en force, d'un seul coup : ce peut être une somme d'argent inattendue ou encore la force nécessaire pour la gagner. Alors, vous pouvez vous octroyer les folies souhaitées depuis longtemps. Un seul conseil, cependant : ne dilapidez pas en un jour le cadeau que va vous faire la vie.

117

T – Sur le plan professionnel, l'occasion vous est donnée de développer vos dons et talents. C'est en vous appuyant sur eux que vous allez vous donner les moyens de faire un travail lié à la vocation. Vous avez déjà la maîtrise, la réussite est juste au bout du chemin. Le moment est vraiment venu de réaliser une œuvre ou de vous attacher à une activité qui vous passionne : tous les ingrédients sont là pour réussir un merveilleux plat.

A – Quelle force et quelle douceur à la fois dans les sentiments ! Vous savez aimer. Vous êtes sur le chemin qui vous mènera à donner et à partager toute cette richesse affective. Ce sentiment puissant peut prendre sa dimension créative et atteindre en même temps sa vitesse de croisière. Glissez au fil de l'eau de vos désirs tout en rejoignant l'océan d'un amour qui dure.

S – Plus aucun souci concernant votre santé. Vous vous êtes ressourcé au niveau de l'énergie. Toutefois, si vous souhaitez que cela perdure, ayez recours à tout ce qui est lié à l'eau, qui vous apportera de notables bienfaits : n'hésitez pas à vous baigner, la thalassothérapie vous sied à merveille, tout comme les médecines douces.

Ag – Vous prenez aussi force et créativité également sur le plan matériel. Il n'y a plus de nuages à l'horizon. Pour vraiment gagner votre vie, vous déployez l'énergie nécessaire, et ça fonctionne ! Qui veut la fin, veut les moyens et les moyens, vous allez vous les donner enfin. Vous avez les armes pour ce faire : la volonté et une kyrielle de talents. Par ailleurs, le jeu vous plaît, et vous prenez du plaisir à ce combat.

118

T – Enfin, vous voyez clair ! Vous êtes sur le chemin d'une réussite éclatante et créative. Vous pouvez vraiment avoir confiance en vous. Vos énergies vous poussent à réaliser ce que vous sentez et vous êtes en mesure d'imposer aux autres votre point de vue. Tout abonde dans le sens du succès. Vous entrez par ailleurs dans une période harmonieuse où les difficultés s'effacent.

A – Ce qui vous caractérise, c'est la noblesse du sentiment. Franchise et clarté sont vos fers de lance. Des possibilités affectives s'ouvrent à vous : vous pouvez envisager de rencontrer l'âme sœur. Les sentiments qui vous animeront seront puissants et doux. Pas de mensonges, pas de faux-semblants, quel bonheur de se voir comme dans un miroir dans le regard de l'autre ! Bref, il vous suffit d'être vous-même pour être reconnu !

Monter les escaliers quatre à quatre

S – Soit les problèmes de santé s'éloignent, soit il n'y en a aucun. Vous retrouvez votre énergie, votre soif de vivre. Vos projets sont innombrables, qui ne demandent qu'à voir le jour. Ce n'est pas du tout le moment de rester enfermé chez vous : la santé s'épanouit au contact des autres, dans des échanges, certainement pas en lieu clos. Ouvrez donc les fenêtres et respirez, la vie est à vous !

Ag – Vous ne manquerez pas d'argent. Votre puissante créativité vous permet d'en gagner. De plus, vous aurez l'appui de vos amis si le besoin s'en fait sentir. Les échanges sont riches et prometteurs : il est très positif, en ce moment, d'aller à la rencontre des autres. Le maximum de vos possibilités pourra être atteint au contact d'une ou de plusieurs personnes, dans le cadre d'une association, d'une participation ou encore d'échanges d'idées...

119

T – Vous êtes appelé à une promotion et avez toutes les chances que cela se concrétise. Il faudra cependant développer de l'énergie pour ce faire, et ne pas vous contenter d'une attente passive de l'événement. Enfin, vous allez pouvoir déployer toute la force que vous retenez depuis longtemps, brûler les étapes et prendre enfin votre vraie dimension.

A – Vous êtes passionné et avez soif d'un grand amour. Eh bien, celui-ci va bel et bien voir le jour. Vous allez enfin pouvoir aimer à votre mesure. Vous demandez tout et vous aurez beaucoup. Vous sortez de l'obscurité affective, une lumière éclatante vous inonde. Comme c'est bon de se chauffer aux feux de l'amour ! À cœur ardent, rien d'impossible !

S – Si vous avez des soucis, voici enfin le bout de tunnel. Dans tous les cas, force et énergie retrouvées vous permettent de respirer à grandes bouffées, il n'y a plus de gros nuages à l'horizon. Les échanges avec les autres sont bénéfiques : quand on retrouve de la force, il est bon de la dépenser, de la partager, sans cela, elle tourne en circuit fermé.

Ag – Vous êtes appelé à gagner plus, votre énergie vous permet d'obtenir ce que vous voulez. Vous allez enfin pouvoir chauffer vos os au soleil ; d'ailleurs, pourquoi ne pas vous offrir des vacances ? Vous avez la possibilité d'engager quelques frais supplémentaires sans pour autant risquer de trouer votre porte-feuille. Vous pouvez jouer les pachas et même partager avec les autres : un peu de fête, un peu de joie, que diable ! Ces menues dépenses ne laisseront aucune amertume.

120

T – La réalisation pleine et entière dans le travail exige un changement radical par rapport à tout ce qui a été fait jusqu'à présent : réussite remarquable en perspective. Pas question de tergiverser, non plus que de marcher sur la pointe des pieds, une remise en question totale est nécessaire. Vous allez vous ouvrir sur des gens différents, plus larges d'esprit, en osmose avec votre conception des choses. C'est ensemble que l'on aboutit au succès désiré.

A – L'accomplissement de vos amours implique que vous fassiez une croix sur votre passé. Ne regrettez rien, car cela crée une vie affective beaucoup plus ample, plus riche, offrant la réalisation de ce que vous souhaitiez depuis toujours. Pas d'hésitation, c'est le plein épanouissement qui vous attend. Le moment est venu d'ouvrir vos fenêtres sur des gens nouveaux : c'est par là que l'oiseau de feu viendra vous surprendre.

S – Vous tournez le dos à tous vos problèmes de santé. C'est fini, plus de souci ! Vous pouvez maintenant vous permettre de faire tout ce que vous voulez : donner de l'espace à votre vie, sortir avec les autres... Plus vous vous autoriserez d'écarts, mieux vous vous porterez. C'est le moment de vous faire plaisir ; vous êtes vraiment dans une période où tout est possible – sauf de retourner en arrière.

Ag – Enfin, vous allez tourner le dos à vos vieux procédés, et grand bien vous fasse ! Cela vous apportera le confort financier, une consolidation de votre porte-monnaie ou de votre compte en banque. Bien sûr, la porte claquée sur l'ancienne manière de fonctionner ne peut en aucun cas se rouvrir, votre succès est à ce prix. De plus, la réalisation ne se fait pas seule, il y a du monde à vos côtés et c'est tant mieux !

121

T – Une remarquable réalisation professionnelle s'offre à vous si vous consentez à tourner la page des méthodes anciennes. Oser prendre des décisions rapides tout à votre avantage, en ce moment. Il est possible que vous développiez plus d'indépendance et de liberté dans vos nouvelles activités. Très bonne période, à condition de ne pas hésiter.

A – C'est en tirant un trait sur vos amours anciennes que vous trouvez à vous orienter vers une magnifique réalisation affective. Rien ne vous barre plus la route ; cependant, il vous faut vivre dans un sentiment d'indépendance. Pas question de vous pelotonner au coin du feu ni de subir le quotidien : c'est en vivant à 100 à l'heure, en multipliant des activités et en vous montrant sous des jours différents que vous créerez les occasions ! Bref, en laissant la fantaisie diriger votre vie, vous réussirez pleinement vos amours.

S – Si vous avez eu des problèmes de santé, ils font définitivement partie du passé. Vous pouvez enfin respirer, la vie s'ouvre de nouveau, avec toute sa richesse et ses possibilités de plein épanouissement. Dans tous les cas, pas question de vivre ni de vous soigner comme avant. C'est en claquant résolument la porte sur votre ancienne façon de voir les choses et en osant faire ce qui vous plaît que vous vous porterez le mieux ! Ne vous économisez pas, respirez à grandes bouffées, vous ne risquez pas de vous étouffer !

Ag – Les moments difficiles sont bel et bien dépassés, les ennuis matériels restent loin derrière et vous vous préparez à atteindre des sommets. Une période faste s'annonce, où tout vous sourit. Vous pouvez d'ailleurs vous permettre des risques calculés : votre caractère entreprenant ne récoltera que les bénéfices. Ne restez pas sur le quai de la gare, c'est l'Orient-Express qui vous attend pour vous mener vers la corne d'abondance. Bonne chance !

122

T – Le moment est venu de tourner la page et de

prendre votre liberté. Votre réalisation est au prix de cette décision. Rien ne peut plus fonctionner comme avant, vous pourrez bientôt goûter les délices d'une réussite pleine et entière en toute indépendance. Pas question de faire des concessions ni de perdre du temps avant de prendre des décisions définitives. Renoncez aux anciennes méthodes de travail et osez développer toutes les possibilités qui s'ouvrent à vous.

A – Ce n'est pas le moment de vous endormir sur vos anciennes amours. Claquez la porte énergiquement aux souffrances du passé. Pas de liberté possible sans cela, pas de réalisation affective sans dégustation de la vie. Ce n'est pas le moment de vous installer au coin du feu avec la personne de votre choix : il faut plutôt savourer votre indépendance en prenant le temps d'observer, de vous intéresser, de développer votre curiosité sur le monde. C'est à ce prix que, plus tard, vous saurez choisir.

S – Vous voilà bien débarrassé de tous vos problèmes de santé. Mais, pour cela, il vous faut avoir le courage soit de ne plus vous soigner comme avant, soit de changer complètement de rythme. Remettez en cause votre système nutritionnel et votre côté casanier. Osez faire une croix sur un mode de fonctionnement dépassé. Votre santé pourra ainsi s'épanouir dans un accomplissement sain et joyeux de votre corps. Vous pouvez tout vous autoriser : petits plats, bons vins, sport... Mais pas question de faire les choses à moitié : c'est bien à l'épanouissement total que vous voulez accéder. Votre bien-être pourra alors dépasser vos espérances les plus folles.

Ag – Oui, il est temps d'oser ce que vous vous êtes jusqu'à présent interdit sur le plan matériel. Finis les blocages du passé, les restrictions, il est temps de développer votre appétit et votre gourmandise, et de jouer les ogres prêts à dévorer la vie à pleines dents. Votre soif de réalisation financière trouve toutes les ouvertures à condition de foncer et, surtout, de ne jamais fonctionner avec les méthodes anciennes. Définitivement, plus de regards en arrière : vous quittez les sentiers battus pour développer une audace de conquérant.

123

T – Professionnellement, vous devez changer votre fusil d'épaule, quel que soit le domaine d'intervention. C'est le seul moyen de sortir des difficultés : trouver une tout autre façon de vous organiser pour obtenir les résultats tangibles escomptés. Mais quelle récompense ! Vous vivez alors un véritable renouveau. Ce changement de direction et votre lucidité vous permettent désormais de construire vos activités d'une façon plus rentable. Cette créativité inédite va vous permettre d'acquérir une nouvelle stabilité professionnelle.

A – Comme vous avez eu des difficultés, par le

passé, dans le domaine affectif ! Mais la vie vous donne l'occasion de tourner le dos aux anciens échecs, pour aller vigoureusement vers une renaissance et concrétiser ce que vous avez toujours souhaité. Cependant, vous ne pouvez en aucun cas faire de concessions avec vous-même ni avec l'autre. C'est bien un chemin diamétralement différent qui vous est proposé, et il vous guérira bien vite de vos déceptions. Faites confiance à la vie, tout est réuni pour transformer la citrouille en carrosse !

S – Vous avez toutes les possibilités de vous éloigner définitivement des difficultés de santé rencontrées par le passé. Une belle récupération vous est promise : votre corps va renouer avec le plaisir et la joie de vivre. À la condition, bien sûr, de ne plus fonctionner comme il le faisait auparavant. Vous savez maintenant que vous ne vous étiez pas donné tous les moyens de trouver votre bien-être. Désormais, ils sont là, à votre portée. Vous allez vers une période de plénitude où, pour la première fois, vous vous sentirez au mieux de votre forme.

Ag – Vous pouvez enfin dire adieu aux blocages financiers du passé : adieu aux difficultés, au manque d'argent… Vous avez entre les mains les moyens de votre renaissance financière, pour concrétiser vos espoirs : tout est réuni pour consolider la situation, du moins si vous renoncez aux anciennes méthodes et évitez de retomber dans les mêmes erreurs.

C'est maintenant – et non demain – qu'il faut donner corps à vos idées : elles sont bonnes, à vous de les réaliser.

124

La semaine des quatre jeudis

T – Période difficile, voire de blocage dans le travail. Vous persistez inlassablement à vouloir ouvrir une porte fermée à clé. Si vous insistez dans cette voie épineuse où vous vous êtes engagé, il y aura échec, implosion, obstacle. Alors, quelles solutions ? Acceptez de changer de méthode et dites-vous que, si cela bloque, c'est que vous devez peut-être marquer un tournant. En effet, une porte s'ouvre dans votre dos, une surprise, un cadeau inattendu qui, de plus, apporte sécurité et solidité. Alors, ne vous entêtez pas et acceptez de diriger vos efforts vers un autre horizon.

A – Soit vous êtes marqué par une blessure encore vive, une rupture douloureuse, soit votre entêtement à conserver votre ancienne façon de vivre vous empêche d'accéder à l'amour. Pourquoi vous obstiner ainsi dans une situation qui ne peut être que pénible ? N'hésitez pas à claquer la porte sur le passé et tournez-vous vers la vie, qui vous promet de rencontrer rapidement la chance – une chance insolente qui vous offrira la possibilité de participer enfin à la fête de l'amour en même temps que la sécurité affective.

S – Vous avez subi une réelle difficulté sur le

plan de la santé, avec l'immobilisation de votre énergie. Vous n'êtes pas encore sorti de vos problèmes physiques, et ce n'est pas en contemplant le drame ni en vous attardant sur les souffrances vécues que vous trouverez la solution. Il est temps de tourner le dos à toutes vos douleurs, de vous orienter vers une autre manière de vivre et de vous soigner. Vous retrouverez pied rapidement, la guérison et le mieux-être survenant d'une façon complètement inattendue.

Ag – Les impasses financières vous ont entraîné dans de grandes difficultés. Vous ne savez plus où donner de la tête ni de quel côté vous tourner. Trop marqué par les échecs matériels, vous restez pétrifié, impuissant à changer cet état de choses. Pourtant, n'hésitez pas à accepter de faire une croix sur les désastres du passé : là, tout près, la chance frappe à votre porte, qui vous offre de prendre place dans la stabilité et la sécurité. « Plaie d'argent n'est pas mortelle », et la vie nous permet souvent de rebondir.

125

T – Dans tout ce qui touche le domaine professionnel, vous avez reçu le don d'écoute et d'observation. C'est le moment de mettre en œuvre vos capacités pour amorcer un développement de votre travail. Tout est ouvert, et votre talent peut enfin passer dans la communication, les contacts, les échanges, qui permettront de développer soit une clientèle, soit vos rapports avec vos collaborateurs. Vous êtes enfin écouté, on vous croit, ce que vous exprimerez sera pris en compte par vos interlocuteurs. Tout peut être dit sans retenue !

A – Vous êtes en train de modifier complètement votre perception dans le domaine affectif. Avant, vous étiez réceptif, à l'écoute, vous pouviez rester silencieux, vous aviez tendance à comprendre l'autre avec ses différences. Eh bien, les changements qui s'opèrent en vous ne vous enlèvent pas les qualités du passé, mais vous donnent un plus : le don de la communication : vous parlez, vous vous exprimez, on vous comprend ; vous vous taisez, on vous sent. En plus de tout, vous êtes dans une période d'ouverture, de rencontres possibles. Le moment est propice pour sortir, échanger, aller à la rencontre de…

S – Vous amorcez un tournant très positif en matière de santé. Intuitif, vous aviez développé les perceptions nécessaires pour bien vous connaître. Cela a d'excellentes conséquences : votre énergie va de mieux en mieux circuler dans votre corps. Vous pouvez donc vous autoriser, désormais, à tenter toutes les ouvertures possibles pour vous régaler, vous faire plaisir. Vous n'avez rien à vous refuser, vous allez trouver l'harmonie entre votre corps et votre esprit.

Ag – Vous avez vraiment reçu des dons, vous

pouvez mettre vos perceptions et votre finesse au service de vos finances. Période bénie pour trouver les ouvertures et les solutions : de nouvelles rencontres sont à privilégier. Il est d'ailleurs judicieux d'élargir vos possibilités de contacts, car elles vous mèneront au but souhaité. Mais, surtout, votre grande chance en ce moment est cette adéquation entre ce que vous sentez et ce qui vous vient de l'extérieur : cela vous permet de filtrer les informations et d'éviter de vous tromper.

126

T – Votre activité actuelle n'est pas vraiment un régal ! Soit vous n'aimez pas du tout ce que vous faites, soit vous êtes un être de vocation et vous ne trouvez pas chaussure à votre pied. Quoi qu'il en soit, pour sortir de ce mauvais pas, vous n'avez pas encore fait le nécessaire. Trop d'immobilité ! Vous ne vous êtes pas donné les moyens de changer cet état de choses. Vous subissez ce mal-être et, tant que vous n'aurez pas claqué la porte sur cet état fataliste, tant que vous n'aurez pas décidé de vous tourner vers un travail créatif et exaltant, vous ne pourrez pas être bien. Rien ne peut arriver sans vous, c'est vous qui êtes le patron de votre vie : vous avez du talent, que diable, réveillez-vous !

A – Vous n'êtes vraiment pas heureux, en ce moment, vous ressassez de vieilles histoires, d'anciens échecs. Vous êtes quelqu'un d'émotif, de rêveur, et votre imaginaire marche bon train, repassant comme un film toutes les images douloureuses de votre vécu. Tant que vous resterez ainsi dans vos songes, immobile, subissant votre malaise, rien ne pourra changer. Mais si vous osez vivre toutes les richesses affectives que vous avez reçues, aller vers ce bonheur qui vous tend les bras au lieu de rester en arrière, je vous promets que l'avenir amoureux se fera câlin et que votre vie amorcera un grand tournant, qui vous apportera enfin ce que vous attendez.

S – Vous ne vous sentez jamais bien dans votre peau. Trop de lymphatisme paralyse votre énergie. Les malaises ressentis peuvent être circulatoires, cardiaques ou bien tout simplement imaginaires. Votre richesse émotionnelle ne se vivant pas assez, se retourne contre vous et se traduit par un malaise corporel. Il suffirait de s'autoriser de se donner du plaisir dans la vie. La condition pour pouvoir développer un mieux-être certain : s'intéresser à tout ce qui vient de l'extérieur. Il peut vous arriver de ressentir une sensation d'étouffement, mais c'est sûrement dû au fait que vous ne vous exprimez suffisamment pas… Dites les choses !

Ag – Vous êtes dans des difficultés financières certaines, mais vous ne faites grand-chose pour en sortir. Vous subissez les événements, ressentis comme incontournables : « Il fait beau, il fait beau ; il ne fait pas beau, il fait pas beau ! »

Cela ne vous empêche pas d'imaginer des monts et merveilles, et, bien sûr, cela reste en vase clos : « Si je faisais cela, je pourrais créer cela… » Mais les projets avortent avant même d'être conçus. Pourtant, vous avez la créativité et le goût nécessaires pour trouver votre harmonie financière ; seulement, voilà, vous êtes obligé d'agir et de provoquer les événements, sinon vous resterez sur le quai de gare et le train de l'argent vous passera sous le nez.

127

T – Votre meilleur atout dans vos activités est le don de communication. Dans ce domaine, vous pouvez vraiment avoir confiance en vous. Vous savez écouter, percevoir, deviner, et vous savez aussi être clair, exprimer, échanger en toute facilité. En ce moment, la réussite est au rendez-vous : vous êtes en mesure d'élargir vos contacts ou votre clientèle, ou tout simplement de trouver du travail. Votre sens de la persuasion fait son œuvre. On peut se fier à vous, mais vous allez pouvoir aussi vous fier aux gens qui croiseront votre route, les échanges se passeront bien, honnêtement, clairement.

A – Comme vous saurez bien, cette année, échanger, écouter l'autre ! Vous retrouvez votre confiance en vous, vous sentez tout, vous devinez tout, et, de plus, c'est une très bonne période de rencontre ou d'approfondissement des échanges avec l'être aimé. Réussite affective au menu, mais sûrement pas dans le silence et la passivité. Provoquez par la parole, soyez clair dans vos propos, et votre interlocuteur sera franc – vous serez sur la même longueur d'onde. Quand l'un parle, l'autre écoute et le comprend, et vice versa. Dans tous les cas, c'est *le* moment de sortir, de voir du monde et de vous faire de nouveaux amis.

S – Si vous avez éprouvé des problèmes respiratoires, ils disparaissent. Cette année, l'idée directrice est de prendre l'air, de vous oxygéner. Mais aussi d'avoir certaines activités favorisant l'équilibre comme le chant, l'art dramatique ou, plus simplement, des échanges avec les autres : tout cela vous permettra de faire mieux circuler votre énergie. Si vous aviez des craintes ou des doutes sur votre santé, tout s'éclaircit, vous savez où vous en êtes ; si vous aviez le moindre trouble, il s'efface, car vous trouvez les moyens exacts de vous en débarrasser.

Cent entendus ne valent pas un vu

Ag – L'argent circule ! Il rentre, il ressort, sans jamais laisser votre bourse vide. Ce n'est pas le moment de thésauriser, mais au contraire d'investir. Votre confiance en vous vous permet de voir clair, de ne pas vous tromper et d'aboutir au succès. Les autres ne sont pas en reste face à vos élans de générosité et vous rendent la pareille. Votre intuition ne vous trompera pas, et vous pourrez éclaircir toute situation restée dans l'obscurité. Vous aurez tous les moyens de le faire et ne laisserez rien au hasard.

128

T – Période d'étouffement et d'immobilisation. Il vous faut faire le bilan de vos activités. Il est évident que vous ne pouvez pas continuer dans la même direction, que vous ne pouvez plus travailler de la même façon. Ce blocage demande une étude sérieuse : vous devez vous poser des questions ou vous organiser pour tout ce qui touche aux papiers, à la comptabilité. Il est possible que vous soyez aux prises avec l'administration ou que vous soyez contraint à un procès. Mais, si vous acceptez de regarder les choses en face, de les mettre clairement sur la table, alors, vous avez la certitude de sortir de vos problèmes et de remettre le train sur les bons rails.

A – Rien ne peut plus être comme avant. Vous avez besoin de suivre un chemin différent et de sortir d'une mobilisation affective. Vous devrez peut-être en passer par une séparation ou un divorce, mais, dans tous les cas, il faudra mettre à plat tout ce que vous éprouvez. Le fait d'aller jusqu'au bout et d'accepter de tourner le dos à l'ancienne manière de vivre permettra alors de donner une autre amplitude à la joie affective. Ce n'est en aucun cas dans la stagnation que vous trouverez les solutions : vous serez obligé d'être rigoureux et de prendre des décisions extrêmement claires et précises.

S – Il serait salutaire de faire un bilan de santé. Vous avez pu vous montrer négligent par le passé, ce qui a entraîné un certain malaise ; mais, si vous acceptez de regarder les choses en face, vous trouverez les moyens d'aller beaucoup mieux. Ce n'est pas le moment de vous cacher la tête sous l'aile, ce qui vous fragiliserait vis-à-vis d'une éventuelle menace extérieure. Tout au contraire, le fait d'éclaircir votre situation médicale vous aide à prendre un tournant qui vous apportera un bien-être immédiat.

Ag – La situation est indiscutablement bloquée. Attention aux problèmes d'ordre juridique ou financier. Vous êtes obligé de regarder de très près la situation : il y a étouffement sur le plan matériel. La rigueur et la lucidité vous permettront de faire voler en éclats les barrières, à condition de tourner le dos à vos anciennes erreurs. Des décisions claires, la mise en ordre de vos affaires vont vous dégager définitivement de vos soucis. C'est une bonne période pour établir des contrats, choisir un comptable, organiser tout ce qui touche le domaine de l'argent.

129

T – Pas d'hésitation, vous avez l'obligation de tourner totalement le dos à votre ancienne manière de travailler. Vous devez rechercher d'autres formes de réalisation, et, même si cela peut demander un peu de temps et de prudence, toutes vos constructions futures seront solides et durables. Si vous refusez de prendre une direction différente et vous entêtez à prolonger votre histoire actuelle, votre situation risque de se bloquer définitivement. En revanche, accepter d'aller vers l'inconnu doucement, pas à pas, vous offrira une réussite totale.

A – Impossible, décidément, de continuer dans la même voie affective. Soit vous quittez quelqu'un, soit il vous faut vivre vos amours d'une façon totalement différente. D'ailleurs, la prudence est de rigueur, et votre réalisation future demande de la circonspection et du doigté. La passion n'est pas au menu, c'est un changement radical que vous devez effectuer : si vous vous y refusez, ne vous plaignez pas de l'échec. Le succès est entre vos mains, il vous est seulement demandé de refuser la demi-mesure. La vie appelle un plongeon dans l'inconnu, une ouverture à plus de rencontres avec des gens nouveaux ou différents de vous.

S – Il vous faut fonctionner complètement différemment si vous voulez être bien dans votre peau et épanoui dans votre corps. Votre santé dépend de ce tournant. Vous faisiez exactement ce qui n'était pas bon pour vous, il est donc important d'écouter vos besoins physiologiques, de mieux vous connaître, d'être moins économe de votre énergie. C'est ainsi que, peu à peu, vous referez surface et retrouverez le bien-être total. Vous vous demanderez alors comment vous avez pu jusque-là vous traiter aussi mal ! Ouvrez-vous à cette libération, en vous initiant en douceur à des méthodes que vous n'aviez jamais appliquées.

Ag – Il est vraiment urgent de modifier radicalement votre rapport à l'argent. Mais il est tout aussi capital de montrer davantage de prudence dans l'approche de vos futures réalisations. Vous prenez une autre direction et n'êtes pas du tout habitué à fonctionner ainsi. Pas d'emballement, s'il vous plaît : l'évolution financière souhaitée peut se faire par le biais d'un changement aussi profond que progressif et mesuré dans le temps.

130

T – Ce n'est pas le moment de faire la sieste ! Vous êtes en pleine mutation par rapport au passé. Il n'est pas question de continuer la route sans modifier sa trajectoire. Ce n'est qu'à cette condition que vous pourrez entreprendre ce renouveau qui vous permettra alors de récolter le fruit de vos dures initiatives. « Travaillez, prenez de la peine, c'est le fond qui manque le moins ». Certes, vous avez une grosse œuvre à fournir, mais il vous donne les moyens d'une renaissance. Par contre, après avoir nettoyé vos arrières, laissez mûrir les choses avant de foncer.

A – Une magnifique transformation affective est promise ! Ne vous endormez pas, le prince charmant ne viendra pas vous réveiller. C'est bien à vous de prendre les choses en main, de les initier, de bousculer votre vie ancienne pour vous donner les moyens de vivre un renouveau. « On ne récolte que ce que l'on sème (s'aime !). » Préparez-vous donc à être le semeur et le moissonneur. Mais, si vous devez réagir rapidement à votre situation actuelle, laissez mûrir un peu les choses en vous projetant sur le long terme.

S – Le moment est venu de prendre des décisions énergiques pour modifier votre état général. Vous en avez les possibilités. C'est le seul moyen de continuer gaillardement l'aventure de votre vie. Vous allez balayer tous les petits malaises, les ennuis du passé. Vous êtes armé pour continuer la route de sa vie en profitant pleinement de votre énergie retrouvée. Vous devez encore découvrir des méthodes inédites, insoupçonnées. Votre seule certitude est que rien ne sera plus jamais comme avant.

Ag – Pour vous, cette année, des moyens de faire évoluer l'aspect financier apparaissent. Il peut être très positif d'entamer des travaux ou des modifications liées à votre vie passée, une transformation en connexion avec ce que vous avez déjà possédé. En revanche, évitez les dépenses immédiates engageant le futur, laissez mûrir, vous aurez très certainement à entreprendre des choses, mais il est encore trop tôt. Il serait néfaste, cette année, de ne pas bouger et de faire des économies. Attention, cependant : vos actions et vos dépenses ne doivent servir qu'à améliorer ce qui est.

131

T – Grande évolution dans le domaine du travail, qui passe par une mutation importante. Mais là, pas d'effort, pas de danger, aucun obstacle devant vous, vous pouvez vous permettre d'entreprendre sans rien ni personne pour vous barrer le chemin. Si vous avez envie de développer une vocation ou d'associer à votre activité plus de plaisir et d'agrément, c'est vraiment le moment. Tout se conjugue pour vous faire plaisir. Laissez-vous glisser voluptueusement dans ce qui vous plaît le plus. L'épanouissement de vos entreprises vous est promis.

A – Comme cette année va être douce, pour vous ! La vie vous apporte une transformation délicieuse. Plus de tempête à l'horizon, tout est calme et harmonie, et l'on peut commencer à vivre un renouveau sans obstacles. Mais, bien sûr, il ne s'agit pas de vivre un « train-train quotidien ». Au contraire, un peu de sel, un peu de piment et un peu de fines herbes permettent de déguster le plat amoureux sans risquer de tomber dans l'ennui. Vous pourrez vous permettre d'être un peu différent chaque jour et de montrer mille facettes qui griseront votre partenaire. N'allez tout de même pas jusqu'aux sautes d'humeur ! À la rigueur, vous pouvez vous permettre d'être gentiment capricieux.

S – Si vous avez été souffrant, c'est bien mieux qu'une convalescence qui vous est promise. Si vous êtes en pleine santé il n'y a vraiment aucun risque à l'horizon. Cependant, l'épanouissement et le bien-être ne seront apportés que si vous faites évoluer votre façon de vivre. Vous passez de l'activité – bénéfique – à de délicieux moments de relâche. Vous êtes totalement maître de votre forme. C'est vous, et vous seul, qui avez le pouvoir de décision sur le rythme à insuffler à votre corps pour lui apporter l'équilibre dont il a besoin entre détente et dynamisme.

Ag – Pourquoi vous inquiéter ? Si vous avez eu des soucis, c'est désormais de l'histoire ancienne : vous disposez dès à présent des moyens de transformer votre vie matérielle et de lui apporter un nouveau souffle. Si vous entreprenez une activité, elle vous apporte des rentrées d'argent substantielles. Vous êtes, dans tous les cas, certain de trouver la puissance nécessaire pour développer facilement une vie plus épanouissante. Il vous est recommandé de vous occuper personnellement de tout ce qui touche à vos finances, vous serez seul juge pour transformer la situation à votre avantage.

132

T – C'est dans le domaine concret que vous devez intervenir, de façon à modifier votre manière de faire. Vous pourrez alors entrevoir d'autres projets. Il est important de bien préparer le terrain, car de nouvelles portes s'ouvrent. Pas de possibilités de routine ! Vous devez accepter d'être dépaysé, décoiffé. Vous allez peut-être aussi bénéficier de sources d'argent frais qui vous donneront les moyens de développer d'autres opportunités professionnelles. Enfin, vous ne risquez pas de vous endormir, et votre attention reste soutenue.

A – Voici une période favorable pour montrer une autre facette de vous-même. Vous avez concrètement la possibilité de modifier positivement vos relations affectives. Vous avez parfaitement le droit d'ouvrir un œil, peut-être même les deux, sur de nouveaux visages. Il ne s'agit pas de ronronner au coin d'un feu, mais d'accepter l'éventualité d'un joli remue-ménage. Vous êtes armé pour cela, et l'ouverture sur l'inconnu ne vous inquiète pas : c'est peut-être, justement, cet inconnu qui permettra de concrétiser vos désirs. Enfin, c'est vous qui pouvez faire la pluie et le beau temps !

Il ne faut qu'un œil au vendeur, il en faut cent à l'acheteur

S – Ce n'est pas le moment de vous endormir. Votre corps a plus besoin d'activité que de repos. Vous pouvez vous transformer, vous muscler ou, tout simplement, laisser votre vitalité déborder, mais l'immobilité, le repos ou les siestes ne sont pas d'actualité. Votre santé a besoin d'être piquée au vif, donnez-lui la possibilité de mordre dans la vie, elle vous en saura gré. Allons, pas de nonchalance ! N'ayez pas peur de faire découvrir à votre corps des stimulations inconnues et ne dites surtout pas « je ne peux pas le faire » ni « ça va me fatiguer » : c'est l'activité qui vous remettra en forme.

Ag – Le moment est venu de faire évoluer votre optique financière : pas question d'emprunter le chemin suivi par le passé. En revanche, vous pouvez utiliser vos compétences pour gagner de l'argent tout autrement. Cela demande un certain effort et, surtout, d'accepter de ne pas voir les choses par le petit bout de la lorgnette. N'ayez pas peur de vous diriger sur des horizons inconnues, d'utiliser des moyens nouveaux, de prendre quelques risques – sans excès. Enfin, l'argent est là, pas loin, mais vous êtes obligé d'ouvrir une porte nouvelle pour le trouver.

133

T – Vous avez dans le travail des idées fulgurantes qui vous apportent l'inspiration nécessaire pour modifier votre activité. Ces nouveaux projets vous offrent la possibilité de sortir d'une certaine fragilité. Tout est prêt pour développer une créativité qui peut rencontrer la chance. Laissez-vous guider par votre goût, votre plaisir ! Vous pouvez vraiment, cette année, en éprouver dans tout ce que vous faites, et votre vivacité va savoir gagner du temps et laisser les autres très loin en arrière. Vous allez bientôt sabler le champagne : souriez d'avance, c'est gagné ! Vous n'aurez peur de rien ni de personne, et vous aurez bien raison.

A – Votre fragilité affective trouve cette année les armes pour se défendre voluptueusement.

Vous avez tous les atouts pour transformer à votre avantage votre vie amoureuse ; d'ailleurs, vous pouvez faire pleinement confiance à vos idées géniales. Agissez rapidement : tout est prêt pour que vous participiez à la fête de la vie ! Rien ni personne ne vous barre le chemin, et vous laissez loin derrière vos craintes et vos peurs. Votre vivacité d'esprit va en charmer plus d'un. Vous pouvez mettre à exécution et le plus vite possible, les projets amoureux et les idées que vous avez envie de voir éclore.

S – Si vous avez eu des problèmes, vous sortez totalement des épreuves passées. La transformation est rapide et radicale, vous laissez derrière vous cette santé fragile. Une véritable renaissance se prépare, sans convalescence longue ni ennuyeuse. Vous pouvez faire la fête avec vos amis, vous ne risquez qu'une chose : avoir bien plus d'énergie qu'eux ! Si la question n'est pas liée à un malaise présent, vous entrez dans une forme olympique, et vos inquiétudes, si vous en avez, ne sont pas fondées.

Ag – Avec peu d'argent, vous avez la possibilité cette année de faire des petits. Vous avez peut-être dû retourner vos poches pour retrouver de la menue monnaie… En tout cas, remettez-les vite à l'endroit : vous êtes dans une période de chance, d'évolution. Les conditions : être attentif et rapide, et ne laisser à personne le soin de décider à votre place. Vous pouvez vous permettre de jouer, si vous aimez ça, mais une toute petite somme, alors. La chance peut également naître d'une très bonne idée : à vous de la développer avec créativité.

134

T – Vous recevez cette année les moyens de transformer votre activité, et ce pour vous donner plus de sécurité. Cela se manifeste soit par un changement de votre lieu de travail, soit par une utilisation différente de vos divers atouts. Dans tous les cas, le terrain est susceptible d'apporter la moisson désirée. Bien sûr, vous n'obtiendrez rien en dormant, vous devez accroître vos efforts, les développer. Mais ne vous inquiétez pas : ils ne seront pas vains. Les bases construites à ce jour vous permettent de vous installer pour un bon moment dans la stabilité et de trouver une vraie place.

A – Quelle délicieuse année se prépare ! Toutes les ouvertures apparaissent pour voir évoluer votre vie affective à votre avantage, comme les atouts nécessaires pour vous assurer stabilité et pérennité dans ce domaine. Vous êtes doué pour l'amour, et votre charme va devenir de plus en plus piquant. Vous ne laisserez rien au hasard, et vos armes seront un mélange de douceur et de combativité. Vous serez de plus en plus sûr de vous, et les dons que vous avez reçus du ciel vont remarquablement s'incarner sur terre. Vous allez prendre de l'assurance physiquement, et votre séduction atteindra sa cible.

S – Voici une excellente année dans le domaine de la santé ! Vous avez à votre disposition tous les moyens nécessaires à l'amélioration de votre état général, et allez pouvoir vous unir à la vie pour le pire et le meilleur sans aucune crainte, car « le meilleur gagne » ! Stabilité assurée. Un seul conseil cependant : donnez à votre corps l'équilibre dont il a besoin, tant sur le plan nutritionnel ou pour ce qui est du sommeil. Cette évolution des méthodes vous apportera un bien-être et une douceur certains. Faites confiance à votre corps et suivez ses désirs, ils sauront vous guider ! Vous souvenez-vous ? « Personne ne sait mieux que soi ce qui est bon pour soi ! »

Ag – Vous avez cette année la possibilité de changer les aspects matériels de votre vie. Si vous ne pouvez pas encore vous offrir Byzance, vous êtes en mesure de vous assurer un minimum de sécurité. Les questions d'argent ne devraient pas vous obséder, mais rien ne vous empêche d'utiliser vos compétences pour asseoir votre situation. Vous pourrez peut-être même compter sur des aides extérieures et, pourquoi pas, vous offrir certains cadeaux. Vous avez des désirs, des projets en vue ? Il vous sera possible de leur donner corps. Ne restez tout de même pas les bras croisés en attendant que tout arrive : une certaine dynamique et des efforts sont à mettre en œuvre.

135

T – Le moment est vraiment opportun pour faire éclater votre créativité : les moyens apparaîtront de façon soudaine, et la vie s'ouvrira devant vous pour les exploiter. Cependant, il peut se révéler inutile de passer par la transformation totale. Donnez la possibilité à l'extérieur d'accueillir chaleureusement vos projets. Quelle joie, pour vous, de voir enfin les portes s'ouvrir ! On vous entend, on vous comprend. Tout ce qui avait été enfermé si longtemps dans votre inconscient trouve enfin le terrain pour s'exalter et les outils pour se réaliser. Vous allez être tout étonné de ne plus trouver d'obstacles ni en vous-même ni à l'extérieur.

A – Pleine transformation de l'émotionnel : vous découvrez enfin vos véritables armes affectives. Votre intuition et votre finesse vont pouvoir modifier le cours de votre vie, et l'extérieur ouvre ses portes pour vous accueillir en douceur. D'ailleurs, vos armes principales, cette année, sont bien la douceur et la compréhension. Vous percevez tout au quart de tour, et votre cœur sait écouter. Ne laissez pas passer la possibilité de changer, d'accepter de fonctionner autrement : vous y trouverez un véritable bénéfice. Bref, la période peut être somptueuse !

S – Si vous avez eu des soucis, mettez-les à la porte. Vous savez désormais comment sortir victorieux de des problèmes passés. Votre vie s'ouvre sur une créativité retrouvée. Bien sûr, il ne faut pas rester sans rien faire : une modification de votre rythme de vie est nécessaire. Si vous prenez des mesures rigoureuses en matière d'hygiène de vie, vous éloignerez définitivement les sources d'inquiétude. Les outils mis à votre disposition viennent directement de votre intuition : écoutez-vous et suivez les conseils que votre inconscient vous prodigue.

Ag – Vous allez cette année voir évoluer votre situation financière et trouverez les ouvertures pour mieux vivre en la matière. Votre vigilance et votre intuition seront récompensées, et vous récolterez les fruits de votre combativité. Régalez-vous ! Votre dynamisme pousse les portes sur l'extérieur, votre charme opère, vous pouvez obtenir des faveurs monétaires (un prêt, une aide...), et ce, sans trop d'efforts. Suivez votre instinct, qui peut réellement vous guider sur les plages où le sable est beaucoup plus doré.

Il y a plus d'idées dans deux têtes que dans une

136

T – Vous allez enfin clairement savoir ce que vous voulez faire ! Vous retrouvez votre confiance en vous. Le tout est de savoir que les transformations à opérer dans votre travail consistent à vous concentrer sur l'accomplissement de votre vocation. Rien ni personne ne viendra assombrir votre joie de vivre. Vous allez vraiment pouvoir faire ce que vous aimez. Labeur devient synonyme de bonheur, et vous communiquez aux autres votre enthousiasme. Vous aurez par ailleurs besoin de partager cette joie avec les autres, et le plaisir que vous en retirerez sera lui aussi partagé. Bon vent, le bateau est bien barré et personne ne pourra dire, « vogue la galère » !

A – Quelle belle confiance en l'amour, cette année ! Toute votre vie affective se transforme, et vous vous dirigez d'un bon pas vers la joie du cœur. Les sentiments sont partagés et clairement formulés. La tendresse se mêle à la passion, à la fois douce et brûlante ; vous ne pouvez cacher votre bonheur, que vous avez besoin d'exprimer au grand jour. C'est un grand changement par rapport à ce que vous avez vécu jusque-là. Que c'est bon de retrouver la certitude, de pouvoir enfin être heureux ! Pour couronner le tout, la confiance est réciproque !

S – Les éventuels problèmes seront balayés. Il n'y a pas anguille sous roche, et vous allez pleinement jouir de votre bien-être. Vous aurez également la possibilité de vous épanouir en goûtant le plaisir de vivre et en donnant à votre corps les moyens de retrouver son harmonie. Finis les soucis, vous aurez envie de rire, d'être heureux, et ce n'est sûrement pas la vie qui va vous en priver. Laissez le bonheur envahir chaque cellule de votre être, votre corps vous en remerciera. Surveillez l'aspect circulatoire comme le système cardio-vasculaire, mais il n'y a pas de souci de ce côté ! L'élément qui vous est le plus favorable est l'eau, alors usez-en et abusez-en !

Ag – Quelle belle année sur le plan matériel ! Des transformations, d'heureuses surprises, des cadeaux sont au rendez-vous. Votre situation s'éclaircit de plus en plus : autorisez-vous quelques petits plaisirs. Vous avez du goût et le sens de la beauté : cette année vous offre les moyens de les satisfaire. Autrement, les amis ou les gens qui vous aiment peuvent vous aider si vous traversez une période difficile et n'êtes pas encore en mesure d'en sortir. Enfin, que ça soit par vous-même ou par l'appui de ceux qui vous entourent, tout contribue à votre mieux-être matériel.

137

T – Vous êtes appelé à une profonde transformation de votre activité : possibilité de « vous éclater » dans ce que vous faites ou d'éprouver une très grande joie dans la réalisation d'un espoir. La victoire est là, toute proche, c'est un changement radical de vie qui vous est proposé. Enfin, tout bouge à votre avantage. Vous laissez derrière vous les étouffements, les déceptions du passé. Quel bonheur d'obtenir enfin ce que vous attendiez depuis longtemps ! Rien ne peut plus faire obstacle à la dynamique qui est lancée. Vous descendez de vos rêves pour atterrir dans une réalité bien concrète. Enthousiasme et succès sont les couleurs de cette année.

A – Vous êtes appelé à transformer votre vie. N'hésitez pas à donner un grand coup de balai sur le passé, et la vie vous offrira alors le grand amour sur un plateau : l'Orient-Express entre en gare, ne restez pas sur le quai.
Le succès vous attend, croyez au bonheur, cette fois, il est vraiment à l'horizon et celui-ci est proche. Ce n'est pas le moment de vous disperser, soyez attentif. La vie est prête à vous faire un superbe cadeau.

S – Si vous vous croyez malade, vous êtes soit hypocondriaque soit ce n'est qu'une fatigue passagère dont vous pourrez vous dégager rapidement. Il est certain que vous devez transformer votre façon de vivre : respirez à plein poumons ; ce n'est sûrement pas le moment de vous économiser par peur d'être malade. Plus vous vous régalerez, plus vous vous ferez plaisir, mieux vous irez. Faire la fête doit être votre devise. Prenez une bouffée de plaisir tous les jours et vous irez parfaitement bien.

Ag – Le mot magique cette année est « augmentation ». Vous devez supprimer votre ancienne manière de fonctionner. Tout s'ouvre devant vous pour améliorer vos revenus ; « demandez et vous recevrez » est d'actualité. Rien ne peut vous être refusé. Bien sûr c'est avec charme, douceur et bonne humeur que vous obtiendrez ce que vous souhaitez. Vous allez vers un plus. Poussez vos exigences, mais n'oubliez jamais de le faire avec séduction.

138

T – Période particulièrement favorable à la transformation de la vie active. Vous mettez tout en œuvre également pour réaliser vos attentes professionnelles. La réussite est certaine ! Mais rien de cela ne se fait en demi-teinte : vous devez mettre toutes votre énergie à contribution. La force comme la victoire passant aussi par les autres, il y a des opportunités d'entente ou de signature, et les contacts ne vous laissent pas sans résultat. N'hésitez pas à changer dans de nombreux domaines. Ce souci d'adaptabilité vous sera d'un grand secours dans cette évolution professionnelle. Tout ce qui concerne votre travail peut se faire à plusieurs. Quoi qu'il en soit, vous ne vous sentirez pas seul.

A – La vie vous oblige à un changement radical sur le plan affectif, et vous avez le courage de le faire ; tant mieux : vous êtes totalement gagnant ! Ce n'est pas le moment d'avancer sur la pointe des pieds, votre action doit être énergique. N'hésitez pas à réunir tous vos dons et talents pour la modification de votre vie amoureuse. Changez donc de rythme de vie, mettez un peu de sel dans votre quotidien. Examinez soigneusement votre ancienne manière de fonctionner et analysez ce qui a pu vous être bénéfique ou non par le passé : alors, vous comprendrez comment agir. Il est aussi important d'ouvrir plus largement les portes et les fenêtres sur le monde. Pas question de vivre uniquement en tête à tête, entourez-vous plutôt de copains et d'amis.

S – Vous devez changer beaucoup de choses : si vous voulez « péter le feu », la transformation doit être radicale. Vous aviez tendance au lymphatisme, à rester souvent immobile sans agir ? Vous devez maintenant mobiliser toutes votre énergie. Par exemple en faisant du sport, de la marche à pied, ou en pratiquant des activités à plusieurs. Si, au contraire, vous êtes quelqu'un « d'hyperspeedé », de stressé, c'est le moment d'apprendre à vous relaxer, à vous détendre, à vous accorder des plages de plaisir. Vous obtiendrez alors les moyens d'aller parfaitement bien, de vous retrouver épanoui dans tous les domaines. Vous avez entre les mains le mode d'emploi pour retrouver une santé de fer !

Ag – Période d'évolution très importante au niveau matériel : ce n'est pas le moment d'être frileux ou craintif, ni de thésauriser. L'heure est venue de vous donner les moyens de modifier votre façon de faire. Vous avez en ce moment la possibilité de retrouver l'équilibre financier. Mais cela demande d'y consacrer toutes ses énergies et d'accepter la bataille. Vous devez faire des rencontres, un maximum de contacts vous étant demandé ; c'est avec les autres que vous aurez la certitude de serrer la main du « dieu Argent ». Bien sûr, tout dépend de vous, et rien ne se passera si vous décidez de rester couché.

139

T – Rien ne peut plus être comme avant ! Ne laissez pas défiler les journées dans un train-train monotone. Les énergies du moment demandent que vous passiez à autre chose. Libérez-vous de ce qui ne vous convient plus, cherchez d'autres orientations. Tout ce qui vous est insupportable doit être énergiquement écarté. Tel un pêcheur, lancez vos lignes dans différentes directions pour que la chance s'accroche à l'un de vos hameçons. Dans tous les cas, l'atmosphère actuelle génère des soutiens, vous pousse au dynamisme. Suivez le guide et laissez-vous porter par la puissance de tous ces courants positifs.

Commun n'est pas comme un

A – Si vous pensiez vous installer au coin de l'âtre pour broder, tricoter ou lire votre journal pendant que l'autre s'active, vous vous trompez lourdement. Soit vous devez tout balayer et prendre votre liberté, soit vous devez transformer radicalement votre vie affective. Le quotidien, les habitudes sont mortels pour vous, cette année. Ce n'est pas l'heure des concessions, pas question de céder ni de plier. Cherchez à prendre plus d'indépendance, ouvrez-vous sur d'autres visages. Si vous tenez néanmoins à conserver votre mode de vie actuel, vous le pouvez parfaitement, à condition d'y mettre de la fête ! Changez complètement d'attitude et accordez- vous plus de fantaisie.

S – Vous ne pouvez pas continuer à négliger

votre santé ! Défaites-vous énergiquement de tout ce qui la dessert et transformez votre rythme de vie. Ce n'est pas un petit changement qui vous est demandé : vous devez modifier complètement votre façon de vous soigner. Ensuite, il vous faudra chercher tranquillement, dans plusieurs directions, les clés pour votre mieux-être. La première étape est de ne surtout pas continuer dans la voie actuelle. La liberté que vous retrouverez alors vous permettra de découvrir une vitalité insoupçonnée.

Ag – Abandonnez votre train-train quotidien : la vie vous oblige à sortir des méthodes conventionnelles. Les possibilités qui s'offrent à vous d'améliorer votre situation matérielle impliquent une transformation totale de votre mode de fonctionnement comme la libération de toutes votre énergie dans ce sens. Vous devez agir avec un maximum d'efficacité. La vie vous offre un sérieux coup de main, à condition que vous suiviez le rythme. Dynamisme, pertinence sont à l'ordre du jour. Vous pouvez aussi vous affranchir de vos dettes ou obtenir un crédit. Dans tous les cas, c'est le moment d'oser chercher dans différentes directions, les opportunités sont multiples !

140

T – Dans toutes vos activités, c'est la fin des soucis : plus de danger. Cependant, tout reste à faire. En ce moment, vous ne risquez pas d'oppositions, bien qu'il vous soit conseillé de prendre un peu de recul avant toute action future. Si, au contraire, votre activité vous cause stress et difficultés, prenez une période sabbatique, vous avez besoin de marquer une pause. Par ailleurs, il serait bon de laisser mûrir encore un peu les projets, vos possibilités sont encore en bourgeon, elles fleuriront plus tard. Toutefois, si vous êtes actuellement dans une stagnation, ne vous inquiétez pas, détendez-vous. Sinon, vous risquez de peiner, plus tard, à reprendre votre souffle.

A – Vous avez peut-être, par le passé, été secoué par une tempête affective. Eh bien, c'est fini ! Les épreuves s'éloignent. Prenez un temps de repos, c'est le moment de souffler, de vous reposer avant d'envisager de repartir dans un corps à corps émotionnel. Évidemment, ce n'est que pour mieux rebondir qu'il vous faut actuellement vous mobiliser. Si, au contraire, vous êtes sentimentalement en pleine harmonie, veillez à ne pas vous assoupir dans une sécurité qui pourrait se révéler sournoise. Il va bientôt vous falloir entreprendre, provoquer une réaction. Ne dormez pas sur vos lauriers, gravissez plutôt l'échelle si vous voulez donner une autre dimension à vos amours.

S – Si vous avez eu des problèmes de santé, ils sont maintenant derrière vous. Vous êtes en période de convalescence, de repos : tout doucement, vous allez retrouver l'énergie nécessaire pour reprendre vos activités. Si vous vous portez bien, ne vous endormez pas dans une sécurité qui peut être trompeuse. L'immobilité ne vous vaut rien, vous laissez trop aller les choses telles qu'elles sont. Vous devez entreprendre : agissez, faites du sport, respirez ! Il ne faut surtout pas que vous restiez enfermé dans la maison, allongé à regarder la télé. Votre corps a besoin de mouvement, faites-lui plaisir !

Ag – Les éventuels problèmes d'argent s'éloignent, il va être possible de souffler, le danger est écarté. Mais ce n'est pas pour autant qu'il faut vous assoupir ! Vous devez entreprendre des démarches pour profiter d'une accalmie et développer des actions qui vous mettront à l'abri du besoin. Si, au contraire, vous n'avez aucun problème financier, ne croyez surtout pas que vous n'avez rien à faire. Il faut toujours se méfier de l'eau qui dort : prévenez le danger. Mettez dès à présent les choses en marche, initiez-les, semez. Dans tous les cas, soyez vigilant !

141

T – Vous sortez enfin des difficultés, et la vie se prépare à vous faire un cadeau. Cependant, les choses ne viennent pas comme ça : vous devez aller à leur rencontre. Dans tout ce qui concerne le travail, entreprendre est à l'ordre du jour. Ce n'est pas sur les sentiers battus que vous avez à développer votre créativité, mais dans un renouveau. Ce début d'activité vous oblige à être concret, à ne pas rester dans le vague, le flou, à être réaliste. C'est à ce prix que le succès couronnera vos efforts. Si, en revanche, votre activité actuelle vous correspond, n'hésitez pas à apporter du neuf dans vos entreprises : votre esprit d'initiative sera apprécié et récompensé. Vous pouvez vous le permettre : aucun risque n'assombrit votre horizon. La période est vraiment favorable à l'action !

A – Comme la vie peut se faire soudain douce et câline, et comme c'est bon de voir s'éloigner les difficultés passées ! Pas question de vous laisser aller pour autant : il vous faut donner une impulsion nouvelle et vigoureuse à votre mode de fonctionnement émotionnel. Ne laissez plus flotter votre imaginaire dans des méandres voluptueux ! Rien n'arrive sans vous. Soyez concret, réaliste : c'est le moment de construire, et non de rêver. Vous allez découvrir qu'être actif est bien plus efficace que de subir l'autre ou les événements. Mais tous ces instants de bonheur promis dépendent véritablement de votre propre énergie et de votre capacité à « faire du neuf ».

S – Plus d'inquiétude à avoir : vous êtes sorti des difficultés, et votre corps peut se détendre et retrouver doucement ses énergies. Attention, cependant, la relaxe n'a qu'un temps : c'est en entreprenant un renouveau que vous allez consolider votre état de santé. Vous devez imprimer vie un rythme différent et à être désormais plus attentif à ce que votre corps réclame. Si, en revanche, vous vous portez bien actuellement, que cela ne soit pas un obstacle à l'action, afin de pérenniser ce bien-être. De nouvelles activités physiques seraient les bienvenues.

Ag – Enfin, le calme revient sur le plan financier, vous sortez des impasses. Mais ne vous reposez pas pour autant ! La vie vous demande d'être très entreprenant pour consolider cette nouvelle stabilité. Si vous n'avez pas de soucis matériels, il n'en faut pas moins refuser la sieste ! Le moment est propice pour créer, investir dans des entreprises nouvelles, faire fructifier votre avoir : des rentrées d'argent viendront concrétiser vos efforts. Alors, ne vous contentez pas de dire « ça ne va pas mal », « je ne prends pas de risques », vous avez beaucoup plus à gagner en franchissant le pas qu'en étant frileux.

142

T – Il se peut que vous soyez dans une période où vous subissez le résultat d'une mauvaise surprise dans ce qui touche les activités. Surtout, ne restez pas terrassé face à l'adversité, la vie vous offre une sortie de secours dans une autre direction. Si vous vous tournez vers des possibilités extérieures, vous trouverez rapidement les solutions à vos problèmes actuels. En revanche, si vous restez prostré, vous ne verrez pas ces opportunités. Vous avez raté le coche ? Qu'importe, une autre issue se présente, sur une autre voie, et qui peut d'ailleurs être plus confortable que la première !

A – Vous avez été terrassé par une épreuve et en portez d'ailleurs encore les cicatrices. Vous ne vous y attendiez pas du tout, mais ce malheur vous a en fait sorti de votre torpeur. Tant mieux, cela vous a permis de vous réveiller et d'apercevoir une nouvelle porte. Pour peu que vous vouliez bien mettre la main sur la poignée, vous verrez qu'elle s'ouvre sur ce que vous avez toujours cherché. Ne vous endormez pas dans une douleur qui n'a plus lieu d'être. Le paysage, quoique inconnu, vous offre rapidement des merveilles inespérées. Si ce malaise se niche dans des amours que vous désirez pérenniser, alors acceptez d'adopter une nouvelle manière de vivre : surprenez l'autre, agissez comme vous ne l'avez jamais fait et découvrez-vous des possibilités que vous n'aviez jamais exploitées.

Il vaut mieux deux sous ici que quatre ailleurs

S – Une inquiétude profonde, un malaise peuvent vous ôter toute sérénité. Il se peut que vous receviez une nouvelle qui vous paralysera. Si c'est le cas, ne vous affolez pas : vous trouverez une belle porte de sortie qui vous offrira rapidement des solutions. Vous laisserez donc ce malaise loin derrière vous. Mais il se peut aussi, tout simplement, que vos peurs ne soient pas fondées. Attention à ne pas devenir hypocondriaque ou paranoïaque… Apprenez à regarder les choses en face et à ne pas voir le loup là où il n'y a peut-être qu'une brebis.

Ag – Une grande peur bouleverse votre quiétude. Un coup de téléphone, une mauvaise nouvelle… Il faut vous calmer, rien n'est vraiment grave, et la solution va rapidement apparaître. Il ne s'agit certes pas de moyens conventionnels ou communs, mais ils offrent des issues à tous les problèmes. Peut-être aussi une grosse inquiétude, des peurs disparaissent-elles progressivement de l'horizon. Dans tous les cas, les obstacles rencontrés s'évanouissent. Alors, de grâce, pas d'affolement, la peur est mauvaise conseillère, et c'est elle qui est source de danger !

143

T – Quel apaisement dans votre travail – on peut même parler de plaisir ! C'est avec une grande intelligence que vous poursuivez ou donnez naissance à des projets. D'ailleurs, vous débordez d'idées. Tout ce que vous avez mis en route ne demande qu'à voir le jour, et vous vous en donnez enfin les moyens. Si vous devez persuader des collègues, des partenaires, votre direction, c'est le moment de le faire avec charme et douceur – votre façon de vous faire entendre et écouter. Si vous cherchez du travail, votre charme et vos dons de persuasion sauront vous imposer. Dans tous les cas, vous entrez dans une période plus agréable.

A – Comme la vie se fait douce pour vous ! C'est vraiment le printemps… Toutes les épreuves sont loin. Votre charme et votre intelligence séduisent, et vous obtenez ce que vous voulez sans efforts. Ce n'est sûrement pas en forçant les choses que vous réussirez, mais en prenant exemple sur l'eau, qui se joue des obstacles en les contournant. Tous vos projets sont prêts à éclore, et on peut enfin se donner les fruits de ce que l'on souhaitait voir se réaliser au niveau sentimental. Le sourire, le calme, la volupté sont vos alliés, mais ils seront orchestrés par votre intelligence, véritable maître du jeu.

S – De quoi vous inquiétez-vous ? Pour le moment, rien ne peut vous arriver. Votre corps s'étend harmonieusement dans les délices d'un mieux-être, certain d'aller vers une période d'épanouissement et de pleine santé. Si vous avez été souffrant, vous vous dirigez vers une convalescence et une renaissance ; mais c'est vous qui vous donnez cette guérison en maintenant votre moral au beau fixe et à l'abri du doute.

Ag – Pourquoi vous tourmenter ? Même si vous ne roulez pas sur l'or, vous pouvez être « relax », et votre intelligence vous permet de sortir de toutes les difficultés. Vous aurez même la possibilité d'adoucir votre situation matérielle, de vous permettre quelques petits extras ou de donner corps à vos projets, même des vacances. Dans tous les cas, votre charme et d'éviter pièges et dangers, et d'obtenir l'argent nécessaire. C'est en douceur qu'il faut agir, c'est la douceur que vous pouvez vous donner.

144

T – Vous êtes dans un flou artistique, un *no man's land* où rien ne bouge, comme un bateau en pleine mer, sans vent. Et pourtant, vous débordez de l'envie de prendre votre place, de vous imposer dans le monde du travail, de développer vos idées et votre créativité. Soit vous êtes dans une phase d'inertie, frappé de paralysie et dans l'impossibilité de réagir, soit les événements extérieurs font obstacle à vos souhaits et à vos désirs. Alors, que reste-t-il à faire ? Deux solutions : soit vous restez couché et vous interdisez de bouger, voire de respirer, soit vous faites le point sur les formidables possibilités à votre actif et vous préparez tranquillement à avancer dès que le vent recommencera à souffler dans les voiles.

A – Mais quand Cupidon va-t-il passer ? « Anne, ma sœur Anne, ne vois-tu rien venir ? » Non décidément, rien à l'horizon ! Quelles solutions ? Il est inutile d'essayer de forcer les choses… Alors quoi, vais-je m'allonger, rêver, laisser mon imagination vagabonder et la tristesse m'envahir ? Ou bien vais-je me préparer à prendre place et créativité dans mes désirs ? Partez à la découverte de ce que vous voulez faire et, quand la vie rouvrira sa porte, vous serez fin prêt pour ne pas laisser passer vos chances. Savoir ce que vous désirez vraiment, vous assurer, est le garant de votre réussite future.

S – Oui, vous pouvez vous sentir fatigué, n'avoir plus envie de bouger, d'agir, éprouver une mélancolie qui nous atteint dans chaque cellule de notre organisme. Vous manquez de ressort. Et pourtant, cette « relaxe » que votre corps vous impose vous permet, tel l'arbre en hiver retenant ses énergies pour les développer au printemps, de réunir toute la puissance d'une créativité prête à bondir vers la renaissance dans un avenir proche. Alors, soit vous vous laissez envahir par ce malaise momentané, soit vous comprenez qu'il est bon, par moments, de se retirer de l'action, de savoir se reposer, pour se préparer à des combats futurs. Allez, faites la planche !

Ag – Décidément, vous avez beau retourner vos poches, vous ne trouvez pas un centime de plus ! Vous rêvez de châteaux en Espagne, de réussite sans efforts, mais votre imagination ne vous permet pas d'obtenir les moyens financiers souhaités. Aussi, si vous voulez vraiment laisser vagabonder votre pensée, profitez-en pour développer des idées et envisager les possibilités de prendre place et créativité dans l'univers de l'argent. Une telle réflexion peut être saine et vous apporter des débouchés futurs – à condition d'utiliser votre esprit inventif. Autrement dit, vous pouvez vous permettre une inertie… active.

145

T – Vous retrouvez votre confiance en vous, les difficultés et les épreuves s'éloignent. C'est le bout du tunnel, et vous apercevez enfin la lumière qui nous éclairera. Mais votre travail demande de mobiliser tous vos dons d'échange, de communication avec vos partenaires, votre direction ou les autres en général. Frappez aux portes, on vous ouvrira, parlez, on vous entendra, c'est le moment de prendre des contacts, de voyager, d'écrire. Si vous êtes sans emploi, vous avez toutes les chances d'en trouver un prochainement ; si vous en avez en, vous rencontrerez des ouvertures vers plus de clientèle ou plus d'avantages. Excellente période !

A – Époque heureuse, paisible et claire. Vous êtes quelqu'un de droit, et vous pourrez exprimer sincèrement vos sentiments. Vous retrouvez votre confiance ; cela vous permet d'être sûr de vous et de communiquer sans réserve avec le partenaire, dans la facilité. Si vous n'avez personne dans votre vie, vous touchez au port de Cythère, l'île de l'amour, mais il vous faut ouvrir portes et fenêtres, sortir, voir du monde ; c'est à cette seule condition que vous rencontrerez Cupidon. Entourez-vous d'amis, ce n'est pas du tout le moment de rester chez vous entre quatre murs : le bonheur est dehors, ne le laissez pas tout seul, il est frileux.

S – Plus ou pas de problèmes de santé, mais ne

vous cachez pas la tête sous l'aile. Plus vous accepterez d'y voir clair, de faire tous les examens nécessaires pour faire face à la situation, plus vous serez rassuré. L'élément qui vous convient le mieux est l'air : n'hésitez pas à vous oxygéner, à sortir, à marcher. Il est tout aussi excellent pour vous d'aller à la rencontre des autres. La solitude ne vous vaut rien, et si, par hasard, vous ne vous sentez pas bien, ne restez pas à subir ce malaise, faites les investigations nécessaires et partez à la conquête du monde. Ouvrez-vous à davantage d'échanges et d'activités avec des amis. Enfin, tout contribue autour de vous à votre mieux-être. Le moment est venu de laisser le soleil pénétrer chaque pore de votre peau !

Ag – Tout peut parfaitement s'éclairer dans votre situation financière ; pas d'épreuve particulière devant vous. D'autre part, faire circuler l'argent est meilleur que de comptabiliser. Les contacts offrent des ouvertures pour résoudre les problèmes – s'il y en a. Ce sont les autres qui vous apportent les solutions. Ne vous privez donc pas d'aller à la rencontre des gens : vous pouvez compter sur eux, franchise et loyauté de part et d'autre sont riches de promesses, permettant même, si vous le voulez vraiment, d'effacer tout souci pour longtemps. Les déplacements peuvent également être utiles. L'écriture, la parole et la rencontre devront être vos alliés pour cette période.

146

T – Vous entrez dans une période euphorique pour tout ce qui touche aux activités professionnelles. Soit vous vous régalez dans ce que vous faites, soit vous prenez des vacances. Vous êtes promis à de très grandes satisfactions en récoltant le fruit de tout ce que vous avez mis en place depuis longtemps. Vous aurez enfin la possibilité de vous épanouir pleinement, il se peut même qu'il s'agisse de vocation. Dans tous les cas, promotion. Vous pouvez enfin vous étirer et prendre votre espace ! Qu'importent les efforts consentis, pourvu qu'on ait l'ivresse : soufflez, de grandes joies professionnelles vous attendent.

A – Quelle bénédiction, le ciel vous est tombé sur la tête ! Épanouissement, bonheur, grand amour s'étalent sur la table du festin de la vie. Si vous ne baignez pas déjà dans cette atmosphère délicieuse, le nirvana n'est pas loin. Les épreuves passées disparaissent de l'horizon. Cet amour ne relève pas de la passion, ce n'est pas un grand feu qui risque de se (de vous ?) consumer, mais une promesse de paix et d'harmonie, de tendresse, de sécurité, de calme que rien ne pourra détruire. Vous obtiendrez tout ce que vous voulez par le charme et la douceur. Évitez tout conflit : ce sont la gaieté, le rire, l'affection qui vous offriront les clés. Cupidon est là et bien là, et, si vous ne le serrez pas déjà dans vos bras, ouvrez vite la porte, il est derrière.

S – Si vous avez été souffrant, vous entrez en douce convalescence. Vous êtes appelé à une guérison complète, le bien-être frappe enfin à votre porte, le plaisir et la joie vont pouvoir jouer avec vous. Si vous êtes en pleine santé, alors, aucune inquiétude à l'horizon, tout est calme et harmonie. Dans tous les cas les meilleurs moyens de vous soigner sont doux : hydrothérapie, thalassothérapie, homéopathie sont les plus sûrs garants de votre forme. Vous devez vous ménager, privilégier les plages de repos, vous n'y trouverez que des bénéfices.

Ag – Les soucis financiers sont désormais de l'histoire ancienne ! Vous êtes appelé à une amélioration, voire à un véritable bien-être. Si vous avez des problèmes d'argent actuellement, ils s'éloigneront rapidement pour faire place à un épanouissement certain. Si vous n'êtes pas dans une période de difficulté, pas d'orage à venir, vous pouvez tranquillement continuer à naviguer en eaux clames. Vous toucherez à tous les buts souhaités, l'harmonie financière est au programme. Vous pouvez même prétendre à augmenter votre capital et obtiendrez des satisfactions qui dépasseront vos espérances.

Deux précautions valent mieux qu'une

147

T – Le temps des épreuves est révolu ! Tous les tracas professionnels se résolvent. Vous entrez dans une période de facilité. Les rapports avec les autres deviennent souples, harmonieux, tous les obstacles tombent, et vous allez d'un pas sûr vers le succès total, sans réserve. Si vous ne travaillez pas en ce moment, alors réjouissez-vous et considérez ce temps qui vous est imparti comme une période sabbatique vous permettant de prendre un recul nécessaire pour réunir les moyens et les facilités de vos réalisations futures. Vous pouvez être certain que cela vous permettra de trouver chaussure à votre pied.

A – Si vous vivez une relation harmonieuse, vous pouvez dormir sur vos deux oreilles, elle n'est pas près de faire des vagues. Paix, calme et volupté sont au programme. Si, en revanche, vous êtes seul ou mal accompagné, vous allez doucement tourner la page, car le chemin s'ouvre largement devant vous pour réaliser vos désirs. Cela passe par la rencontre avec les autres : n'hésitez pas à sortir, à voir du monde, c'est l'embarquement pour Cythère, l'île de l'amour qui vous attend. De plus, vous avez la chance que tout cela se fasse sans difficulté : point besoin de se battre, tout arrive facilement, sans efforts.

S – Si vous avez été souffrant, vos problèmes de santé se dissipent, l'heure de la convalescence et du repos est venue. Cela vous permet de retrouver tout doucement votre forme, en harmonie, sans soucis. Laissez-vous porter vers la plage de votre guérison définitive. Si vous allez bien, rien à signaler, sinon qu'une période sabbatique pourrait être la bienvenue, voire extrêmement bénéfique. Si vous avez la possibilité partir en vacances, cela vous apportera un regain d'énergie. Tout cela alors réuni, plus rien ne vous semblera un effort. Faites confiance à votre corps : quand il a faim, mangez, quand il a sommeil, dormez. Donnez-lui du plaisir, il vous le rendra.

Ag – Pourquoi vous faire du souci ? Les épreuves passées s'éloignent, et tout est réuni pour aller vers le succès. Vous entrez dans une période de facilité où les autres vont vous apporter une aide précieuse. Ce n'est pourtant pas le moment d'investir, de nous battre, ni de partir dans des créations folles et téméraires. Au contraire, il faut tranquillement décider de ne fonctionner qu'avec vos réelles possibilités et ne faire peser aucun poids sur vos épaules. Vivez à votre rythme, sans vouloir mettre les bouchées doubles. « Pierre qui roule n'amasse pas mousse », aussi n'est-ce pas le moment des ambitions démesurées, mais tout simplement du plaisir de vivre de façon harmonieuse avec les moyens du bord.

148

T – Votre paix, votre sécurité et votre quiétude risquent d'être perturbées. Tout semble se bloquer, s'arrêter ; vous pouvez vous sentir impuissant, prisonnier d'une situation irréversible. Pourtant, il y a des solutions, mais pas en demi-mesure. Ça ne bouge pas ? Alors libérez-vous, ne vous entêtez pas, n'essayez pas d'ouvrir une porte fermée à clé, osez vous écarter, prendre votre liberté. C'est par votre indépendance, votre libre arbitre et votre individualité que vous allez trouver comment sortir de vos difficultés professionnelles. Il vous sera peut-être demandé de travailler seul : lancez-vous, cela vous apportera le succès.

A – Votre situation affective vous semble étouffante et sans issue, mais dites-vous bien que, si vous essayiez de forcer les choses, vous ne pourriez rien résoudre. Au contraire, plus on insiste, moins ça marche. Pourtant, vous avez les moyens de sortir de cette impasse. Osez prendre plus d'indépendance et de liberté, vous en obtiendrez immédiatement les bénéfices. Vous pourrez alors vous tourner vers d'autres horizons et aurez le choix entre deux possibilités : soit les portes jusqu'alors fermées s'ouvriront, soit vous jouirez de votre indépendance nouvelle et vous retournerez résolument vers la vie.

S – Si vous avez des problèmes de santé et que votre situation vous semble stagner, vous n'entrevoyez guère d'amélioration et n'arrivez pas à apercevoir le bout du tunnel. La seule solution est de changer radicalement votre hygiène de vie et de sortir de soins ou de régimes trop contraignants qui, jusqu'à présent, ne vous ont pas apporté les améliorations escomptées. Autorisez-vous à fonctionner autrement, à vous tourner vers d'autres méthodes de traitement, à donner libre cours à vos désirs. C'est dans cette liberté et dans cette ouverture à de nouveaux horizons que vous trouverez le mode d'emploi d'un retour à la santé. Si vous allez bien, sortez d'une vie trop austère, ne vous économisez pas : ce sont les obligations que l'on s'impose qui sont mauvaises pour soi.

Ag – Votre situation matérielle vous paraît inextricable, n'essayez pas de forcer les choses, même si les solutions sont difficiles à trouver. Vous avez la possibilité de sortir de cette ornière en vous dégageant totalement de vos anciennes convictions en termes d'organisation. C'est vers d'autres horizons que vous devriez vous tourner. Oser vous arracher aux conventions. N'hésitez pas à porter votre regard dans de nouvelles directions et donnez libre cours à vos idées, même les plus insensées. Votre imagination trouvera des solutions, et l'avenir est beaucoup plus prometteur que le passé.

149

T – Il vous est actuellement indispensable de faire ce que vous aimez et ce qui vous correspond. Soit vous êtes encore en recherche de l'activité idéale et le temps s'étire inexorablement, vous avez l'impression que vous ne trouverez jamais (vous cherchez déjà depuis si longtemps) ; soit vous avez déjà la solution, et l'harmonie qui s'est installée dans votre vie professionnelle durera de nombreuses années.

Non seulement vous avez trouvé la sécurité, mais le temps travaille pour vous et va vous permettre d'assurer une solidité, une pérennité qui vous ôteront toute inquiétude.

A – Vous avez peut-être trouvé l'âme sœur ; ce n'est sûrement pas la passion, mais vous avez la solidité et l'harmonie que vous aviez cherchées depuis longtemps et l'assurance que cela durera. Si vous êtes en quête d'un partenaire, alors, acceptez la notion de temps, car vous êtes encore en période d'attente, de lenteur et votre recherche doit s'armer de patience. Mais « tout vient à point à qui sait attendre » et « patience et longueur de temps valent mieux que force ni que rage ». Vous avez la certitude de trouver l'ouverture sur l'être qui vous correspondra.

S – En ce moment, votre énergie marchent au ralenti, vous manquez de pêche. Pourtant, ce n'est pas l'envie qui vous manque de vous donner les moyens de vivre comme vous l'entendez. Mais vous vous fatiguez vite et la solution n'est certainement pas de forcer la machine ; au contraire, écoutez votre corps, laissez-le suivre son rythme et recouvrer, tout doucement, son ancien potentiel. Si vous allez bien, pas d'inquiétude à l'horizon, vous avez retrouvé une harmonie qui n'est pas près de vous quitter ; vous avez la possibilité de vivre et de faire tout ce que vous souhaitez, et votre recherche de bien-être s'est engagée, pour longtemps, sur le bon chemin.

Ag – Vous souhaitez trouver la paix et la quiétude sur le plan financer. Soit vous l'avez déjà trouvée et vous avez la possibilité de vivre comme vous l'entendez, avec calme sans excès de dépenses ; vous pouvez tranquillement chercher à conforter votre position actuelle : aucun danger à l'horizon. Soit vous n'avez pas encore trouvé les moyens de vivre comme vous le souhaitez, et tout vous oblige à l'économie. Les recherches que vous effectuez pour améliorer votre position sont longues et ardues ; vous devrez faire preuve de patience, mais vous avez l'assurance que cet effort sera récompensé et que vous trouverez, enfin, l'équilibre recherché.

Il n'y a que le premier pas qui coûte

150

T – Si vous rencontrez des difficultés dans le domaine du travail, vous avez deux solutions : soit vous vous laissez envahir par les soucis, et vous serez alors écrasé par l'excès de difficultés matérielles sans savoir comment vous en sortir, ni quoi entreprendre, ni où donner de la tête, ne percevant pas, alors, les possibilités qui s'offrent à vous ; soit vous décidez de vous tourner résolument vers l'avenir et d'entreprendre un renouveau, de comprendre que c'est vous, et vous seul, qui pouvez vous en sortir, sachant que rien ni personne ne peut le faire pour vous. Si, en revanche, vous n'avez pas de problème dans votre travail, vous devez rester vigilant, être prêt à un changement de position, ne pas vous endormir sur une sécurité qui ne peut être que relative. Le fait de rester les yeux ouverts vous évitera tout problème.

A – Il se peut que vous rencontriez des écueils dans vos amours. Vous ne pouvez plus continuer à fonctionner comme avant, il est temps de prendre des décisions pour que cela change. Les problèmes sont soit factuels, dans le cadre d'événements quotidiens, soit de l'ordre de l'entente physique. Vous avez les moyens de faire évoluer la situation, à condition d'être plus entreprenant, d'oser faire un pas en avant et de ne pas rester écrasé par vos difficultés émotionnelles. Vous avez fait certaines erreurs, mais l'avenir est prometteur et ne dépend que de votre audace.

S – Vous pouvez traverser une étape physiquement rude. Votre corps ne répond plus à ce que vous désirez, vous ne pouvez plus faire ce que vous faisiez. Pourtant, vous n'avez pas utilisé tous vos atouts. Si au lieu d'être centré sur ce qui ne va pas, vous vous tourniez vers une solution que vous n'avez pas encore utilisée ? À vous de développer votre curiosité vers d'autres éventualités : vous trouverez alors le soin ou le remède qui vous convient – de toute façon, la solution à vos problèmes.

Ag – Vous êtes très doué et avez beaucoup d'idées concernant vos finances, mais aussi tendance à vous faire trop confiance : vous risquez de subir des hauts et des bas et de rencontrer des difficultés au moment où vous vous y attendiez le moins. Il est évident que vous devez changer vos méthodes, et que votre dynamisme doit développer plus de prudence. Il est important de voir où vous mettez les pieds ; il vous faudra peut-être recommencer à zéro non pas votre vie, mais votre façon de faire. Si vous savez vous y prendre, je vous garantis la possibilité de gagner beaucoup d'argent : vous êtes doué, ne l'oubliez pas !

151

T – Des bouleversements professionnels vous ont donné du fil à retordre soit récemment, soit en un temps plus reculé, mais ces expériences difficiles ont développé votre intelligence et votre savoir-faire : vous avez aujourd'hui les moyens d'entreprendre un renouvellement de vos activités. Vous allez directement et rapidement vers une période de chance ; des surprises surviennent, qui vont conforter votre position. Ce n'est pas le moment de faire la sieste, tout est prêt pour un grand départ ; le succès se fera facile et caressant. Si vous avez déjà réussi, vous pouvez vous permettre de continuer sur votre lancée : votre esprit d'entreprise est nourri à chaque pas des cadeaux de la vie.

A – L'heure des passions a sonné. Si dans le passé, des épreuves puissantes et destructrices ont pu vous laisser meurtri, votre énergie est désormais prête à rebondir vers un renouveau : vous avez développé une conscience et une intelligence qui sont le cadeau laissé par les souffrances anciennes. La vie vous offre aujourd'hui une rencontre inattendue, riche de promesse ; vous pouvez alors entreprendre une nouvelle histoire aussi passionnée que les autres, mais avec plus de lucidité. Votre corps sera également à la fête, vous serez porté par une vague immense de désirs vers des sommets que vous n'aviez jamais imaginés.

S – Vous avez eu soit un accident, soit un grave problème de santé ; aussi brutalement que cela ait pu survenir, des possibilités d'épanouissement, de guérison rapide se présentent, si vous envisagez une nouvelle manière de vous soigner : n'hésitez pas à commencer un nouveau traitement, la vie vous offre une remise en forme immédiate. Vous serez étonné de la rapidité avec laquelle vous retrouvez votre énergie. Ce n'est pas le moment de vous laisser aller, ne cédez pas à l'inertie, agir est le plus sûr garant de votre bien-être.

Ag – Vous avez dû éprouver de sacrées difficultés matérielles. Peut-être une faillite ou un arrêt de travail soudain ? Si épreuve il y a, elle fut brutale, mais se révèle porteuse d'un rebondissement bénéfique : avec autant de rapidité, la vie vous offre l'occasion de retrouver la chance. C'est le moment d'entreprendre avec vigueur des actions nouvelles ; elles débouchent sur le succès en termes financiers. Rien ne peut résister au torrent d'énergie qui vous anime ; foncez, partez en conquérant, la victoire est au bout du chemin. Vous n'avez pas besoin de réfléchir avant d'agir, c'est l'action, et l'action seule, qui est vecteur de triomphe.

152

T – Vous avez eu des difficultés professionnelles et vous ne savez pas très bien comment vous en sortir. La solution réside dans un autre mode de fonctionnement : ouvrez-vous vers l'inconnu, le non-conventionnel, l'inhabituel. N'essayez pas de résoudre vos problèmes en insistant, en tentant d'enfoncer les portes, tout au contraire, essayez d'avancer à pas comptés comme sur un chemin que vous ne connaissez pas et que vous découvrez peu à peu ; foncer tête baissée n'est pas recommandé, car vous devez vous initier à de nouvelles méthodes, à une façon de faire qui vous était complètement étrangère.

A – La vie vous a apporté beaucoup de soucis d'ordre affectif, dont vous n'étiez pas responsable. Vous êtes encore marqué par ce que vous avez vécu ; aussi, si vous voulez que votre vie s'ouvre, acceptez de changer complètement votre comportement, donnez-vous les moyens de frapper à des portes inconnues ou d'agir en amour de façon différente. Délaissez les sentiers battus, acceptez d'être surpris : la vie est taquine et peut vous étonner, ce que vous avez à vivre ne ressemble en rien à ce que vous avez vécu ! Vous pensiez atteindre un verger, et c'est dans une forêt profonde aux multiples richesses que vous allez déboucher.

S – Vous pouvez être encore marqué par certaines difficultés de santé qui vous ont laissé de légères séquelles, ou bien vous conservez une inquiétude qui n'est pas vraiment fondée. Il vous serait sûrement bénéfique de sortir de vos habitudes, de vous soigner autrement et de vous intéresser à des méthodes que vous n'avez jamais encore appliquées. Vivez d'une autre manière, développez un autre rythme de vie. Des portes s'ouvrent devant vous, elles vous permettront d'atteindre un mieux-être ; à vous d'accepter de vous y engouffrer.

Ag – Vous recevez la possibilité de sortir de vos préoccupations financières. Vous avez subi des difficultés dont vous n'étiez pas la cause. Aujourd'hui ou prochainement, vous pouvez vous donner des moyens différents sur le plan matériel : n'hésitez pas à faire de nouvelles rencontres ni de frapper à des portes dont vous ne vous êtes jamais approché ; c'est par des chemins non conventionnels que vous trouverez des solutions. Il faudra peut-être dépasser vos peurs et finir par accepter de naviguer dans l'inconnu.

153

T – Vous avez pu vous faire beaucoup d'illusions par le passé. On vous a fait des promesses sans lendemain, ou bien vous avez construit des châteaux en Espagne, rêvant de postes ou de rôles demeurés inaccessibles. Sachez que demain n'aura pas la même couleur ni la même saveur. Enfin, votre créativité et votre imagination vont être à l'origine d'une véritable renaissance. Oubliez toutes vos peurs, laissez-vous inspirer et guider par vos idées, la vie va vous donner l'occasion de les matérialiser. Abandonnez-vous à votre côte créatif, il est porteur de succès.

A – Que d'histoires vous êtes-vous racontées par le passé ! Vous en avez brodé, des canevas d'amour, et les illusions vous ont souvent fait retomber durement dans la réalité. Cependant, sachez que tous les jours ne se rassemblent pas : les fruits sont mûrs, désormais, c'est le temps de la moisson, vous avez enfin tous les moyens de développer intelligence, intuition et créativité amoureuse pour obtenir ce que vous voulez. La vie vous offre l'opportunité d'un renouveau affectif. Tournez résolument le dos à votre imaginaire, et décidez de matérialiser vos rêves : vous avez cette année la baguette magique pour le faire.

S – Vous avez tendance à l'hypocondrie, et l'anxiété provoque des malaises qui n'ont de grave que l'idée que vous vous en faites. Attention ! « La peur engendre le danger. » Cependant, la période est très favorable à l'épanouissement d'un mieux-être durable. Faites donc une croix sur des difficultés qui, si elles ont réellement existé, ne vous ont laissé que des angoisses inutiles. Le climat est à la renaissance, à la convalescence, et votre intelligence, votre esprit ont bien d'autres sujets à exploiter que l'éternel retour sur les troubles passés. Demain est plein de promesses !

Ag – Vous comptez et recomptez dans votre tête des sommes que vous n'avez pas dans votre poche. N'oubliez pas les mésaventures de Pérette et de son pot au lait ! Comme il est plus facile de trouver de l'argent en rêve que dans la réalité ! Pourtant, voici que s'offrent à vous toutes les possibilités d'échapper aux mirages et de mieux gagner votre vie. Votre esprit ingénieux, votre imagination vous donnent soudain de vraies opportunités. Ce sont espèces sonnantes et trébuchantes que vous allez pouvoir accueillir dans votre poche et non dans vos songes. N'hésitez pas à mettre en ouvre vos projets, c'est la meilleure période pour les voir naître.

154

T – Dans le cadre professionnel, vous avez eu des périodes de perte de confiance en vous ; des difficultés vous avaient paralysé. Mais voici le bout du tunnel : la vie s'éclaire, et vous pouvez prendre place dans une activité solide qui vous apporte la sécurité matérielle. Si vous êtes doué pour les travaux manuels, des occasions formidables se présentent à vous. C'est aussi vrai si vous évoluez dans le domaine financier. Quoi qu'il en soit, vous sortez des difficultés et trouvez la stabilité.

A – Les rencontres se révèlent très prometteuses sur le plan sensuel. Si vous avez déjà quelqu'un dans votre vie, avec qui vous vous entendiez bien, une véritable fête du corps s'annonce. La passion physique est à l'honneur. Si, en revanche, vous êtes en quête de l'âme sœur, ce n'est pas un élu romantique qui se présente, mais un être passionné qui vous fera ronronner de plaisir. L'entente charnelle est parfaite et harmonieuse, et, si de petites disputes surviennent, la réconciliation se fait vite sur l'oreiller. Bref, la vie étincelle et vous devriez traverser une période d'amours volcaniques.

Il ne faut pas aller par quatre chemins

S – Si vous avez eu des problèmes de santé, les soucis s'éloignent rapidement. Les énergies reviennent, réveillant chaque cellule de votre corps ; vous retrouvez stabilité et bien-être. Vous avez alors besoin d'agir, de bouger, tout le monde autour de vous se demandant si vous avez été réellement souffrant. Vous avez toutes les chances d'aller mieux qu'auparavant. Si vous n'avez pas de problèmes actuellement, non seulement ils ne sont pas près de survenir, mais vous devriez aller encore mieux, montrer un dynamisme à tout-va, demandant à vous dépenser physiquement. Attention, vous risquez de fatiguer tout le monde avant de voir votre propre fatigue...

Ag – Vous ne pouviez pas vivre meilleure période pour tout ce qui touche au domaine financier. C'est le moment ou jamais de sortir des problèmes, pour peu que vous ayez eu des soucis. Toute votre énergie est concentrée sur le gain ou les placements. Vous pouvez prendre une position avantageuse vis-à-vis des autres, vous vous imposez, rien ne peut vous abattre, car vos pieds sont solidement plantés dans la sécurité. Si vous n'avez pas d'argent actuellement, rassurez-vous, il arrive – et vite. Et si vous en avez, il ne risque pas de s'envoler. Bref, la vie s'éclaire vraiment pour vous, et vous pouvez vous permettre de dépenser un peu !

155

T – Vous êtes appelé à sortir de toutes les impasses professionnelles. Les portes s'ouvrent largement sur un horizon plus clément. Et si vous avez eu l'impression, à un moment, d'étouffer et de ne pas savoir comment trouver les solutions, l'épreuve est terminée : soit vous avez une promotion, soit vous frappez à une porte qui s'ouvre ; vous allez enfin pouvoir respirer à pleins poumons ! Si votre travail vous convient, vous allez avoir une bonne surprise : des conditions avantageuses, plus d'espace et de plus larges horizons.

A – Vous avez eu bien des difficultés, et une sensation d'étouffement, de mal-être, aurait pu vous faire penser que cela ne pourrait changer. Cependant, les ouvertures sont là. Et ce ne sont pas de petites ouvertures ! Vous allez pouvoir, enfin, vivre vos sentiments à grandes bouffées, vous autoriser à aimer sans retenues : plus d'obstacles, vous pouvez donner libre cours à votre enthousiasme. Si vous avez la chance de vivre déjà une belle relation, la vie continue à être câline, et la porte que vous avez su pousser ne reste pas entrebâillée. Vous pouvez continuer à respirer à pleins poumons l'air tendre qui s'engouffre dans votre vie.

S – Si vous avez été malade, vous êtes appelé à une guérison rapide ; vous sortez de vos problèmes sans peine, et la vie vous offre toutes les chances de retrouver largement, l'ensemble de vos facultés. Vous pouvez même vous autoriser beaucoup plus d'activités qu'avant, c'est tout à fait conseillé. Si vous êtes déjà en bonne santé et que vous redoutiez d'éventuel troubles, vos craintes sont passagères et non fondées. Ne restez pas le nez collé sur vos petits problèmes, prenez du recul, et vous vous apercevrez que votre bien-être est réel et durable.

Ag – Si vous avez des soucis d'argent, les moyens de vous en sortir apparaissent. Vous êtes appelé à vivre plus confortablement et vous pourrez vous autoriser plus de petits extras. Votre horizon s'élargit, vous avez la possibilité d'augmenter votre capital.
Si vous vous trouvez déjà dans une position financière confortable, vous serez à même de la développer encore. Vous ne rencontrez que des

gens disposés à vous aider à accroître vos acquis. Pas de nuages noirs au loin : vous pouvez vous ouvrir à une large expansion en termes financiers.

156

T – Si vous avez eu des difficultés dans votre travail, ou pour en trouver, elles ont pu vous abattre. Sachez que c'est avec autant de puissance que vous sortez de vos problèmes. Non seulement vous avez la possibilité d'une très belle concrétisation, mais cela vous apporte en plus des joies, l'opportunité de faire ce que vous aimez ou de vous réaliser enfin dans votre vocation. Si vous êtes déjà dans une activité professionnelle, vous allez vers une très bonne période, riche en propositions. Le plaisir de travailler avec les autres vous permet de vous épanouir largement, et la réussite est plutôt en équipe que solitaire.

A – Si vous avez eu un passé affectif obscur, il vous a très durablement marqué. Mais l'heure est aux joies retrouvées, à la réalisation amoureuse dans une plénitude inespérée. C'est avec les autres, des amis ou dans le monde que vous rencontrez cette joie.
Si vous êtes heureux affectivement, réjouissez-vous car la fête n'est pas finie : vous allez vers des sommets, vers le plein épanouissement d'une relation durable. Les difficultés que vous avez pu vivre vous ont appris comment agir pour réussir vos amours du jour…

S – Si vous avez eu des problèmes de santé, ils vous ont profondément perturbé. La guérison en sera d'autant plus éclatante et le bien-être durable.
Si vous êtes en bonne santé, n'ayez aucune crainte : vous allez vers une réalisation et un épanouissement de vos facultés que rien ne semble devoir troubler. Pas de nuages à l'horizon ; le meilleur médicament pour vous est de vous faire totalement plaisir. Dans tous les cas, vous allez résolument vers la pleine possession de vos moyens.

Ag – Si vous avez eu des difficultés matérielles, elles vous ont handicapé dans tous les domaines de votre vie, mais elles vous laissent une expérience qui vous permet de rebondir. Ces soucis ont développé votre intelligence, et vous avez maintenant la possibilité d'obtenir pleine satisfaction dans tout ce qui touche vos finances. Il ne s'agit pas de demi-mesure : vous pouvez remplir votre verre ! Si vous n'avez pas de problèmes financiers, envisagez une augmentation de vos revenus et la joie d'une belle réalisation. Non seulement vous gagnez plus d'argent, mais ce sera dans le plaisir.

157

T – Vous avez la possibilité de vous libérer complètement des difficultés rencontrées dans le cadre professionnel. Plus vous développerez indépendance et liberté, plus vous irez vers le succès. Vous pouvez vous permettre de vous lancer en free-lance ; si vous travaillez en équipe, personne ne vous marchera sur les pieds. Si vous êtes confortablement installé dans une activité, montrez de l'audace, allez de l'avant, votre témérité rapporte ses fruits c'est même ce mode de fonctionnement qui vous permet d'écarter les difficultés. Et si votre personnalité chiffonne l'humeur de quelques-uns, elle sera par la suite fortement appréciée.

A – Votre indépendance d'esprit a dû vous causer bien des soucis par le passé. Vous vous êtes montré léger, inconséquent, suivant vos humeurs, et cela vous a sûrement apporté de nombreux déboires. Vous allez maintenant, rencontrer le succès. Oh, ce n'est pas le moment de vous installer au coin de l'âtre et de ronronner main dans la main en faisant des projets sur l'avenir ! Vous la gardez, cette « satanée » indépendance : soit c'est votre nature, soit le moment est à la liberté. Mais sachez que cette liberté vous est bénéfique, car elle vous permettra de vivre quelques moments bénis.

S – Vous avez vraiment fait n'importe quoi pour vous soigner : goûter à tout, dans le désordre… Cela vous a causé des difficultés. Faire n'importe quoi, manger n'importe quoi, se coucher à n'importe quelle heure n'apporte pas que des bénéfices. Cependant, cette curiosité qui vous pousse à toucher à tout vous permettra de trouver exactement ce qui vous correspond pour aller bien.

Si vous vous portez à merveille en ce moment et que vous soyez inquiet sans raison, les seules difficultés que vous puissiez rencontrer sont votre nervosité alliée à votre caractère anxieux ; alors, un peu de relaxe de temps à autre ne peut vous faire du mal. Même si, avec votre nature, c'est un repos en pointillé.

Ag – Si vous avez des problèmes d'argent, c'est que vous êtes un panier percé ou que vous avez les poches trouées. Vous êtes assurément plus cigale que fourmi. Eh bien, les fourmis risquent d'être bien attrapées ! Vous allez avoir les moyens de dépenser sans que cela puisse aboutir aux problèmes déjà rencontrés. Cependant, ne comptez pas constituer une cagnotte, ce n'est pas dans vos cordes...
Si vous n'avez pas, pour le moment, de soucis d'argent, la vie vous demande d'être un peu plus prudent : vous ne pouvez dépenser à tort et à travers, malgré la chance qui sourit souvent aux audacieux.

158

T – Si vous n'avez pas de travail ou si vous avez des problèmes dans le cadre professionnel, c'est le moment ou jamais d'entreprendre. Vous avez tous les moyens de sortir des difficultés. Un contrat peut être signé, les ouvertures s'offrant à vous correspondent à vos capacités et ce que vous pouvez trouver répond à vos aptitudes Si vous êtes déjà dans une activité, ce n'est pas le moment de vous endormir, votre esprit d'entreprise vous permettra de trouver vraiment chaussure à votre pied. Vous avez l'occasion d'entreprendre des actions qui vous plaisent et dans lesquelles vous pouvez vous régaler. Le mot d'ordre n'est pas « repos », mais « en piste » !

A – Si vous rencontrez des difficultés affectives, vous avez les moyens de vous en sortir. Mais ce n'est pas sans rien faire ! N'acceptez en aucun cas l'échec, écoutez votre instinct qui vous pousse à agir, à devenir entreprenant. Oui, cela vous apporte la certitude d'obtenir en amour ce que vous désirez.
Si au contraire tout va bien, ne vous endormez pas pour autant, continuez sur votre lancée tout en restant vigilant. Il n'est pas question de vous reposer sur vos lauriers… Cet amour doit se vivre dans une dynamique, il est bon de faire une multitude de choses ensemble, d'aller tous les deux dans une même direction – sûrement pas d'aller faire la sieste dans un hamac.

S – Si vous avez des soucis de santé, ne vous inquiétez pas, il y a vraiment quelque chose à faire. Ce n'est pas le moment de vous endormir et de vous plaindre. Si vous entreprenez un combat, il sera victorieux, et vous trouverez les moyens d'agir sur la maladie. Tout ce que vous allez mettre en œuvre obtient des résultats plus que satisfaisants.
Si vous vous portez bien, vous pouvez conserver cette « santé de fer », à condition de

rester actif et dynamique. Votre corps a besoin de bouger. Si vous en avez les moyens, faites du sport et de la marche à pied ; en aucun cas vous ne devez vous laisser aller au lymphatisme. Tous les moyens sont réunis pour trouver l'harmonie entre votre nature profonde et le rythme de vie que vous vous donnez enfin.

Ag – Les difficultés que vous avez pu rencontrer par le passé dans vos finances ont aiguisé votre compréhension, ce qui vous permet de vous en sortir. Votre esprit d'initiative est le plus sûr garant d'une remontée spectaculaire. Bien sûr, vous ne pouvez rester sans rien faire et devez débloquer beaucoup d'énergie, mais celle-ci vous conduit à l'équilibre financier ; vous pouvez enfin vivre comme vous le souhaitez.
Si vous n'avez pas d'ennuis actuellement, ce n'est pas une raison pour vous assoupir : restez sur votre lancée et continuez d'être dynamique et entreprenant.

De deux maux il faut choisir le moindre

159

T – Côté professionnel, ce n'est pas Byzance ! Soit vous avez du mal à trouver du travail, soit vous rencontrez des difficultés importantes dans votre activité. Si vous êtes à votre compte, vous subissez un ralentissement notoire ; si vous êtes en entreprise, c'est celle-ci qui le vit, ou bien l'ambiance est lourde et vous cause un malaise évident. La sortie de cette impasse ne peut en aucun cas être rapide, les améliorations ne sont pas immédiates. Vous serez contraint de chercher dans une autre direction et de vous initier à un mode de fonctionnement différent. Tout cela demande un nouveau temps d'apprentissage.

A – On ne peut pas dire que la joie soit au rendez-vous ! Vous êtes en pleine tourmente affective, mais ce qui fait obstacle est votre entêtement à porter le regard en arrière, à stagner dans votre malaise sans chercher à en sortir. Bien sûr, c'est difficile, mais aucune solution n'apparaîtra si vous restez fixé sur ce qui ne va pas. Attention, vous allez vous transformer en statue de sel ! Alors, quelle solution ? Elle est là, tout près de vous. Il vous suffit d'accepter de tourner votre regard dans une direction inconnue, d'aller peu à peu, tout doucement, vers d'autres amis et d'autres rencontres pour ainsi réapprivoiser le bonheur. Vous passerez d'abord par une convalescence, mais c'est vers la vie que vous devez aller.

S – Toutes votre énergie sont au ralenti et ce n'est pas votre moral qui vous aide ! Vous déprimez à force de tourner autour des vos difficultés. Cela ne risque pas d'arranger les choses ! Plus vous analyserez ce qui ne va pas, plus vous irez mal. Vous avez la possibilité de remonter la pente en portant le regard sur d'autres solutions. Vous allez, petit à petit, expérimenter un mieux-être. La convalescence prendra sans doute du temps, mais elle débouchera sur une stabilité retrouvée. Le meilleur remède pour vous est de vous intéresser à d'autres choses, de partir à la découverte, d'apprendre, de lire, de profiter de ce repos forcé pour développer votre curiosité.

Ag – Eh oui, c'est un peu une période de « vaches maigres », et les difficultés financières vous minent le moral. Vous avez beau tourner et virer, vous ne voyez que le « soleil qui rougeoie et l'herbe qui poudroie ». Vous entêter à trouver des solutions dans votre direction actuelle ne peut vous apporter que des déceptions. Ce n'est pas avec votre ancienne manière de fonctionner que vous sortirez de l'ornière. Alors quoi faire ? Vous avez la possibilité de résoudre vos problèmes, mais la prudence et le temps sont vos alliés. Ne faites pas n'importe quoi n'importe comment. Vous allez, tel un écolier, réapprendre les choses et expérimenter des moyens que vous n'aviez jamais étudiés auparavant. Les sentiers battus sont usés, c'est en partant à la découverte d'un nouveau mode d'emploi que vous allez lentement et sûrement retrouver l'équilibre.

160

T – Soit vous accomplissez un véritable parcours du combattant dans le domaine professionnel, et le poids de ce que vous subissez vous terrasse momentanément ; soit les épreuves du passé ont provoqué une prise de conscience qui va vous permettre de rebondir en toute lucidité. Le seul danger serait d'en rester là. Toute difficulté, toute catastrophe porte dans son sein les moyens d'en sortir. C'est ainsi qu'on apprend à identifier le danger, à changer de parcours, à faire des choix pertinents et durables. Pour le moment, aveuglé par l'incendie, vous ne voyez que lui. Sitôt que vous vous tournerez vers l'avenir, vous découvrirez des possibilités nouvelles ; même si, pour le moment, elles ne font que se dessiner, elles sont bel et bien là. Allez à leur rencontre, et tout basculera rapidement vers le succès.

A – Vous avez subi une ou des expériences qui ont bousculé votre vie affective et dont vous portez encore les marques. Cela a pu être une passion qui vous a aveuglé, consumé, et dont vous n'êtes pas remis. Cette épreuve est cependant prête à vous laisser un superbe cadeau : une prise de conscience aiguë. Vous avez appris quelque chose et pour peu que vous acceptiez de vous tourner vers l'avenir, vous vous remettrez aussi rapidement que vous aviez été détruit. Cela demande de faire un pas vers la vie : si vous avez le courage de le franchir, la vie en fera dix vers vous !

S – Vous êtes passé par une violente épreuve – une mauvaise nouvelle touchant votre santé ou un accident. Vous en portez encore les marques. Pourtant, elle recèle une leçon qui peut vous ouvrir à une nouvelle approche. C'est une bien belle promesse qui vous est faite : la possibilité de vous tourner vers une autre manière de vivre, d'où la fête ne sera pas exclue. Aussi brutalement que vous avez été atteint, vous émergerez, pour peu que vous fassiez le pas que vous n'avez pas encore fait.

Ag – Vous avez subi un déboire inattendu et conséquent – une faillite, un arrêt de travail, un vol... –, et vous êtes terrassé par la nouvelle. Cela a été aussi soudain que violent, et vous êtes encore sous le coup ; mais, ce n'est pas en vous fixant sur cette épreuve que vous allez pouvoir sortir de vos problèmes financiers. Les difficultés vous apportent une prise de conscience aiguë des pièges à éviter, et vous n'êtes pas près de retomber dans les mêmes ornières. La solution n'est pas encore tout à fait mûre, mais vous devez franchir un pas vers l'action, même si vous ne savez pas trop comment. Le fait de bouger et d'agir vous permet d'aller à la rencontre de nouvelles possibilités. On ne fait jamais le chemin tout seul, et il n y a que le premier pas qui coûte.

161

T – Quelles précieuses leçons les épreuves du passé vous ont apportées ! La prise de conscience qui en est résultée vous permet aujourd'hui de rebondir. C'est une excellente période pour débuter un travail ou aborder un nouveau mode de développement de votre activité. Accordez-vous plaisirs et agréments : ce que vous commencez ce jour aura des prolongements. Vous n'avez pas intérêt à attendre, à traîner, à retarder vos prises de décision. C'est le moment d'utiliser pour votre gouverne la rapidité d'esprit acquise. En route pour des paysages inédits et plaisants !

A – Après les épreuves passées, vous ne vous êtes pas endormi : vous avez compris beaucoup de choses, et vous n'avez besoin que l'on vous fasse un dessin. On peut même dire que vous avez reçu l'illumination vous évitant de tomber dans les mêmes erreurs. C'est sur un terrain vierge que vous allez pouvoir appliquer vos connaissances nouvelles. Rien ne peut plus être comme avant. Pas question de traîner la patte, vous pouvez vous permettre de foncer, de vous passionner, l'erreur n'est plus possible, car vous avez reçu la sagesse. N'hésitez pas à être entreprenant et à faire confiance à vos élans. Ce que vous entamez ou ce que vous renouvelez aujourd'hui part sur un bon pied !

S – Si votre santé a connu certains bouleversements, si vous avez eu un accident ou qu'un événement contraire vous soit arrivé brutalement, cela vous a laissé en cadeau un surcroît d'énergie, une possibilité de ressort qui vous permet aujourd'hui de repartir gaillardement vers une renaissance. Vous n'allez plus aborder votre vie de la même façon, et ce sans tarder.
Si vous êtes en bonne santé, vous débordez d'énergie, vous foncez tout le temps vers de nouveaux centre d'intérêt, et il vous est tout de

même recommandé de vous accorder plus de repos.

Ag – Vous êtes passé par des hauts et des bas, mais ces épreuves vous donnent aujourd'hui le ressort nécessaire à un nouveau départ en matière de finances. Vous avez beaucoup appris et n'êtes pas près de retomber dans problèmes similaires. Ce n'est pas que vous ayez gagné en prudence, mais vous avez compris suffisamment de choses pour ne pas faire les mêmes erreurs.
Si vous n'avez pas d'ennuis actuellement, passionnez-vous pour de nouveaux projets : n'ayez aucune hésitation, ce sont les décisions rapides qui vous apportent le succès. Votre savoir-faire est récompensé.

Le zéro est unique, l'infini multiple* *(D. Guedj)

162

T – Ce n'est pas en restant les bras croisés que vous échapperez aux soucis professionnels. Après de gros problèmes, vous avez tendance à rester anéanti, à vous enfermer en vous-même, au bord de la dépression. Se fixer sur ses problèmes ou se réfugier dans l'imaginaire ne vous permettra pas de vous en sortir. Tout retour en arrière ne peut qu'être source de déboires. Il s'agit d'ouvrir une nouvelle porte sur votre vie professionnelle, d'accepter de vous intéresser à une autre manière d'agir. Rester immobile et subir les événements ne peut que vous détruire, et votre créativité s'accommodera fort bien de se tourner vers des emplois différents de ceux déjà exercés.

A – Vous avez subi dans le domaine affectif des épreuves douloureuses qui ont laissé sans réaction, pétrifié. Vous avez tendance à ressasser indéfiniment les mêmes images dans votre tête. Il peut même vous arriver de faire des cauchemars – endormi ou éveillé. Alors, comment sortir de ce malaise profond qui vous empêche de vous envoler vers d'autres aventures ? La solution est pourtant devant vous. Acceptez de vous ouvrir à l'inconnu, de rencontrer des gens nouveaux, de vous intéresser à des activités qui vous permettent de sortir de vous-même : cela stimulera votre créativité amoureuse et vous projettera à la rencontre d'une vie nouvelle.

S – Vous avez éprouvé des malaises importants et avez tendance à ne plus réagir, à vous laisser aller. Vous attendez les solutions de l'extérieur, le moindre petit problème vous troublant si profondément qu'il vous empêche de rebondir. Vous êtes réceptif aux avis des autres, quand vous devriez écouter vos intuitions profondes. Changez de tactique, les solutions à vos problèmes sont en vous. Vous avez la possibilité de retrouver la santé en acceptant un mode de fonctionnement diamétralement différent et en développant votre créativité sur des terrains inédits. Vivez autrement, soignez-vous autrement, vous retrouverez alors votre forme.

Ag – On dit « plaie d'argent n'est pas mortelle », mais vos envies pécuniaires ont bien failli vous anéantir. Pourtant, vous avez souvent des intuitions puissantes, qui pourraient vous permettre de ne pas faire d'erreurs... Les chances financières viennent rarement de l'extérieur, mais vous pouvez développer un savoir-faire directement issu d'une connaissance intérieure. Vos idées jaillissent beaucoup plus rapidement que leur mise en œuvre, et la vie vous impose toujours des obstacles inattendus qui paralysent votre action. Alors, pour être aussi brillant dans les résultats que dans la conception, vous avez tout intérêt soit à accepter de faire les choses à deux, soit à partager votre créativité avec des gens qui auront davantage que vous le sens des affaires.

163

T – Vous avez traversé des difficultés, mais elles sont à l'origine d'une prise de conscience formidable et d'une lucidité à toute épreuve. Vous développerez une très grande confiance en vous, et tous vos projets peuvent enfin voir le jour. Vos idées se matérialisent sans retard, vous avez même intérêt à précipiter vos actions ! Votre puissance de travail, votre enthousiasme ne rencontrent plus d'obstacles – vous feriez s'écrouler des montagnes. Votre foi en vous et dans la vie vous offre une réussite complète, rapide, sans faille. Toute hésitation serait négative : l'Orient-Express entre en gare, montez vite, le départ est immédiat !

A – Vous êtes un passionné et vous ne changerez jamais. Bien sûr, le feu qui vous anime a reçu quelques douches froides ; mais aucun déluge ne pourra jamais éteindre votre enthousiasme : à peine étouffés, les tisons se rallument et les flammes crépitent pour de nouvelles aventures. Vous allez vers une naissance ou une renaissance amoureuse. D'ailleurs, il y a de fortes chances pour que l'autre réponde à votre passion. Pour prolonger les feux de cet enfer délicieux, il est fortement conseillé d'avoir des centres d'intérêt communs, en ayant toujours en tête de tendre vers les mêmes buts.

S – Quels que soient les soucis qui vous ont occupé, vous débordez désormais d'énergie et, tel le phénix, vous renaissez de vos cendres. Votre côté dynamique vous permet de franchir n'importe quel obstacle ; c'est aussi le plus sûr garant de votre santé. Attention, car votre puissance ne saurait demeurer solitaire : tout ce feu qui vous anime pourrait se retourner contre vous si vous ne vous donniez pas pour priorité d'échanger avec les autres. Vous ne tenez pas en place, vous avez du mal à conserver votre calme, à vous accorder du repos. Heureusement, il en faut beaucoup pour vous abattre ! Les meilleures potions pour entretenir votre état général sont la fête et le rire.

Ag – Sur le plan financier, vous avez tendance à foncer, à vous emballer et cela a pu vous causer quelques ennuis, mais l'expérience vous a servi. Vous êtes désormais fin prêt pour de nouvelles aventures, toujours avec autant d'enthousiasme ; c'est le moment de mettre en œuvre vos idées et vos projets, tout en gardant en tête les leçons du passé. Vous êtes plutôt généreux, et on ne vous voit pas du tout, tel Arpagon, conserver amoureusement votre précieuse cassette. Vous avez besoin d'investir ou de dépenser, et l'avenir vous promet que vous ne manquerez pas d'argent ; il est facile, dès lors, de le faire circuler.

164

T – Vous avez connu des échecs cuisants d'ordre professionnel et vous ressentez une sensation d'étouffement ; vous avez l'impression d'être paralysé, de ne pouvoir faire ce que vous voulez. Pourtant, vos compétences sont appelées à la réussite, même si vous traversez une période où tout a du mal à décoller. En revanche, il vous est donné la possibilité d'assurer vos arrières, de trouver une sécurité. Si vous avez un emploi qui ne vous satisfait pas, ce n'est pas le moment de tout « plaquer ». Si vous n'en avez pas, vous pouvez adopter une activité en dessous de ce à quoi vous pouvez prétendre, mais qui vous apportera la stabilité. C'est un passage d'immortalité relative : le vent ne souffle pas, mais cela ne va pas durer.

A – Vos avez vécu des relations très fortes ou vivez une passion enfiévrée, mais le climat doit absolument retourner au calme et à la sérénité. Vous ne pouvez indéfiniment vous consumer dans un feu dévorant. Ne croyez pas que cette tranquillité retrouvée soit génératrice d'échec ; au contraire, elle vous permettra de souffler pour repartir de plus belle. Vous êtes fait pour vivre de grandes histoires, mais vous reposer vous permettra de retrouver vos esprits. Une petite sieste vous rendra plus frais et plus gaillard avant de nouveaux combats.

S – Quels que soient les problèmes de santé rencontrés, vous êtes désormais appelé à la stabilisation, à la convalescence. De même, les éventuels excès de fièvre se calment.
Si vous vous portez plutôt bien et que toute votre énergie ne demande qu'à s'exprimer, il vous faut respecter une seule condition : des temps de repos entre chaque activité. Vous allez d'ailleurs entrer dans une période où vous risquez de vous sentir un peu moins dynamique. Profitez-en pour écouter chaque signal de votre corps. Prenez le temps de vous ressourcer et de retrouver toute votre pêche.

Ag – Si vous avez eu des difficultés financières, elles sont dues à des dépenses inconsidérées. Votre générosité ne connaît aucun calcul, vous êtes un seigneur aimant vivre sur un grand pied, un peu au-dessus de vos moyens. Vous êtes en train de retrouver quelque sagesse : vous aviez tendance à rouler à tombeau ouvert, la vie vous oblige à ralentir quelque temps. Bien vous en prendra, le calme retrouvé vous autorisera à revivre dans la joie de certains débordements, mais toujours à condition de créer l'alternance… « Pierre qui roule n'amasse pas mousse » : peu importe, la mousse, vous n'en avez cure. N'oubliez pas, néanmoins, qu'un peu de mousse rendra votre matelas plus douillet…

165

T – Vous avez traversé une période professionnelle très éprouvante, durant laquelle vous avez tout perdu. Vous n'êtes pas du genre à ménager vos arrières, mais l'expérience porte en son sein le ferment de nouvelles ouvertures. Et, aussi rapidement que vous avez sombré, vous retrouvez les possibilités d'une véritable réussite. C'est le moment où jamais d'aller à la rencontre des gens : on ne vous claquera pas la porte au nez.
Si vous êtes à votre compte, la promesse d'un regain de clientèle se dessine, à moins qu'il ne s'agisse d'une réalisation touchant plusieurs pays. Si vous êtes employé, votre sens du contact vous permet une belle concrétisation à plusieurs. Dans tous les cas, votre travail ne peut être solitaire.

Un nombre est la multitude composée d'unités (Euclide)

A – Vous êtes un passionné, ce qui a pu et peut encore provoquer des échecs. Réfléchir avant d'agir n'est pas votre fort : vous êtes un « toutouriéniste » (vous voulez tout ou rien). Sachez que la vie va vous faire des cadeaux ; elle s'ouvre sur une belle réalisation amoureuse.
Si vous vivez déjà une relation harmonieuse, tout est prêt pour le plein épanouissement. Et si

vous vous attendez à la rencontre, elle se fait par le biais d'amis ou de copains. Quoi qu'il en soit, tout s'ouvre pour vous ! Cette année sera celle de votre réalisation affective.

S – Vous avez pu vous sentir agressé dans tout votre corps. Mais la guérison sera aussi rapide que l'attaque. Vous entrez dans une phase de vie où tout est possible. Bien plus qu'un simple mieux-être, c'est une véritable renaissance qui s'annonce. La joie et la confiance en la vie sont les plus sûrs garants de votre résurrection. La présence des autres et les échanges entretenus avec eux vous donnent de sérieux moyens de remise en forme.
Si vous allez plutôt bien, continuez votre route sans inquiétude : quels que soient les soucis que vous avez pu connaître, le temps n'est plus aux embûches : vous pouvez désormais avoir totalement confiance dans l'équilibre de votre corps.

Ag – Vous perdez tout, vous gagnez tout, mais rien ne se passe dans la tiédeur. Vous pourriez être un joueur : on met tout sur le tapis, et, si on perd, la chance entre par une autre porte. Votre côté dépensier n'est jamais destiné à vous seul : vous faites bénéficier les autres de vos largesses, mais ce sont aussi les autres qui vous apportent leur aide en cas de besoin. Dans une entreprise, la réussite n'est pas une affaire solitaire, et c'est dans le partage des gains que chacun trouve son propre compte. Très belle année pour réussir : frappez, on vous ouvrira. Mais veillez bien à conserver à tout moment votre énergie de gagneur.

166

T – Attention aux conflits, aux disputes ou aux agressions dans le travail, mais également aux risques de faillite ou, tout simplement, d'affolement : évitez de faire n'importe quoi si les choses ne se passent pas exactement comme vous l'escomptiez. Toute forme d'opposition ne peut qu'être source d'un échec. Il vous faut adopter un autre mode de fonctionnement. Vous pourrez utiliser toutes sortes de stratagèmes pour sortir de vos difficultés, mais ils doivent nécessairement passer par la douceur, le charme, la gentillesse.
Si vous n'avez pas de problèmes professionnels, faites ce qui vous plaît, osez enfin donner à votre activité, un arôme de vocation ou de plaisir : vous en avez actuellement les moyens.

A – Votre vie amoureuse est l'histoire d'un grand désordre, et vous vous êtes brûlé les ailes. Votre soif de liberté et d'indépendance vous a fait manquer des occasions de trouver votre plage, d'être plus heureux. Cependant, le temps de vous installer n'est pas encore venu, la vie vous offre des occasions de joies affectives. Mais c'est toujours dans l'indépendance et la liberté que vous devrez les aborder, du moins au début.
Si vous filez le parfait amour, ne vous installez

pas dans l'habitude et le quotidien, car le plus sûr garant de la durée des sentiments est de les vivre sans être en la demande affective. Tout au contraire, conservez une liberté de pensée et d'action.

S – Vous avez longtemps eu tendance à tirer sur la ficelle et à faire un peu n'importe quoi de votre corps : votre énergie lancées en tous sens l'ont mis à rude épreuve, vous passez d'un mode de traitement à un autre… Abandonnez définitivement ce système destructeur pour entrer résolument dans une hygiène de vie plus douce.
Si tout se passe bien pour vous côté santé, c'est que vous avez adopté le rythme de vie qui vous convient. Vous pouvez désormais goûter au bien-être : vous savez mieux gérer les saisons de votre organisme, ce qui vous autorise beaucoup plus de choses qu'auparavant.

Ag – Des dépenses inconsidérées vous ont mis sur la paille, et vous n'avez plus de réserves ! Vous avez fait un peu n'importe quoi mais cela vous a donné une bonne leçon ; vous êtes désormais prêt à recevoir les cadeaux que la vie veut bien vous apporter. Cela dit, ils ne viennent pas tout seuls, c'est à vous d'aller les chercher ; votre charme et votre douceur vous obtiendront l'argent dont vous avez besoin. « Aide-toi, le ciel t'aidera », dit le dicton : consacrez toute votre énergie à votre objectif, et vous en serez récompensé. Des joies et des satisfactions vous attendent, venant de plusieurs directions croiser votre route.

167

T – Excellente période pour réussir dans votre activité actuelle ou dans votre recherche d'emploi. L'harmonie règne entre ce que vous aviez espéré et ce qui vous arrive. La vie s'ouvre largement : c'est l'heure de gloire ! Déjà, par le passé, vous aviez appris à déterminer le chemin qui vous convenait ; c'est maintenant de la moisson. Tout ce que vous avez construit jusqu'à ce jour débouche sur une victoire, et vous pouvez cueillir les fruits de vos efforts. Si vous êtes en période de transition, cherchez et vous trouverez rapidement, de surcroît dans un domaine qui vous correspond pleinement.

A – Ou vous avez déjà trouvé l'âme sœur, et la direction que vous avez prise avec elle est la bonne, les perspectives d'entente sont solides et vous êtes assuré d'une belle réussite. Ou vous êtes encore en quête du conjoint de vos rêves, et vous pouvez être satisfait, car l'heure est venue ! Soyez très attentif, la rencontre est proche, votre recherche est bientôt couronnée de succès. Vous allez vers une renaissance affective, la vie va se faire plus douce et plus facile. Soyez en harmonie avec vous-même, vous trouverez l'harmonie avec l'autre.

S – Si vous avez dernièrement rencontré des problèmes de santé, l'heure est venue de laisser

vos inquiétudes derrière vous. Vous allez trouver exactement ce qu'il vous faut pour restaurer votre bien-être et la réponse à tous vos problèmes. Victoire totale sur l'adversité !
Si vous êtes en bonne santé, vous continuez résolument sur la voie du bien-être : vous avez trouvé un rythme de vie à votre convenance, qui ne peut que s'améliorer encore de jour en jour. Quelques soucis du passé vous ont appris à déterminer ce qui est bon ou mauvais pour vous. Vous êtes aujourd'hui votre meilleur thérapeute.

Ag – Vous vous êtes déjà fort bien sorti de problèmes matériels ou vous êtes prêt à le faire. Faites-vous confiance : vous trouverez la solution idéale pour adopter le train de vie qui vous corresponde. Si vous avez des projets, tout est ouvert au succès. Dans tout ce qui touche aux finances, n'écoutez que vous, car vous seul détenez les solutions. La vie, qui ne demande qu'à vous faire des cadeaux, vous les offrira, d'autant plus que vous saurez les réclamer. Toute recherche est couronnée de succès, mais c'est essentiellement en vous qu'est logée l'intuition. À vous de mettre celle-ci au service de votre porte-monnaie.

168

T – Vous avez traversé, ou êtes en train de vivre, une période professionnelle difficile, et cela peut être rude. Vous risquez d'en être accablé, ne sachant comment sortir de cette situation. Si vous essayez de trouver les solutions à l'extérieur, vous n'obtiendrez pas d'aide : la solution est en vous. Si vous avez en revanche la sagesse d'analyser les raisons de vos désagréments, vous en trouverez rapidement la source et serez à même, dès lors, d'apprendre à fonctionner autrement. Les déceptions que vous avez endurées peuvent être le ferment d'un changement profitable de votre manière d'aborder votre activité.

A – Vous avez connu une déception cruelle qui vous a laissé meurtri ; vous êtes en plein déséquilibre affectif, ne trouvant pas le mode d'emploi pour en sortir. Vous avez perdu vos marques, vous ne savez plus quoi faire. Justement, n'essayez pas de faire ! C'est le moment de rentrer en vous, et de réfléchir aux raisons qui ont causé cette souffrance, afin de trouver rapidement ce qui a provoqué votre échec. À ce moment-là, et à ce moment-là seulement, vous aurez la lucidité nécessaire pour comprendre comment fonctionner désormais. N'hésitez pas à rester momentanément à l'abri de votre coquille pour écouter la voix de la raison.

S – Vous éprouvez un malaise puissant qui annihile toute objectivité, vous empêchant de voir clairement l'origine du problème. Vous êtes totalement pris dans les mailles d'une actualité douloureuse, sans distinguer d'issue. N'oubliez pas que, plus vous êtes mal physiquement, plus vous êtes mal moralement – et vice versa, l'un entraînant l'autre. Pourtant, la solution d'un mieux-être existe, ne la cherchez pas à l'extérieur, elle est en vous. Pour peu que vous vous penchiez sur les raisons de votre trouble, vous trouverez comment en sortir immédiatement.

Ag – Peut-être vivez-vous une véritable galère financière, tirant le diable par la queue : vous vous retrouvez sans travail, ou vous subissez une faillite... Toujours est-il que le déséquilibre et le mal-être sont profond. Vous ne savez plus vers qui vous tourner pour sortir de vos soucis matériels. Ne cherchez pas à l'extérieur la solution : elle se trouve dans votre vie actuelle ; en cherchant bien, vous y trouverez les moyens d'un retour à l'harmonie. Le fait de comprendre les tenants et aboutissants de cette situation sera le ferment de votre rebond et d'un complet changement votre façon d'agir. Ce n'est pas le moment de subir, mais de trouver en vous le ressort !

169

T – Vous traversez une période exigeant beaucoup d'efforts et de travail. Sachez que le succès est au bout de la route. Vous ne manquez pas d'idées et vous pouvez vous faire confiance pour trouver des solutions. La réalisation finale demandera en revanche du temps et de la persévérance. Mais le temps travaille pour vous, et vous atteindrez votre but.
Si vous êtes sans emploi, vous n'en déployez pas moins d'excellentes idées qui, avec le temps

seront couronnées de succès. Peu à peu, les portes s'ouvrent ; tout cela exige que vous ne vous relâchiez pas, que vous poursuiviez vos efforts avec ténacité.

A – Votre caractère passionné construit des châteaux en Espagne, mais la réalité va vous demander plus d'efforts pour combler vos attentes amoureuses. Vous serez obligé de mettre une sourdine à vos élans : « Patience et longueur de temps font plus que force ni que rage. » Vous touchez enfin au but, mais sachez pondérer votre ardeur et vos sentiments ; n'exprimez pas tout, vous pourriez faire peur à l'être aimé. N'oubliez pas que votre savoir-faire, pour peu que vous avanciez avec prudence et sagesse, vous fera atteindre le bonheur désiré.

S – Vous savez très bien ce qui est bon pour vous et pouvez donc être votre meilleur médecin. Mais vous ne vous écoutez pas toujours, c'est bien dommage : vous retardez l'apparition d'un mieux-être en allant chercher à l'extérieur des solutions que vous avez en vous. Chaque fois que vous écouterez les autres plus que vous-même, vous en subirez les conséquences. Alors, revenez vite à votre intuition, elle recèle la sagesse nécessaire pour assurer le retour à l'équilibre. D'ailleurs, ce n'est pas en cherchant midi à quatorze heures que vous pouvez vous porter mieux. Chacun, mieux que quiconque, sait ce qui est bon pour soi.

Ag – Des idées formidables s'annoncent, qui vous feront gagner de l'argent. Cependant, vous risquez de subir des retards et des lenteurs de l'extérieur. Alors, montrez-vous patient, sans pour autant lâcher les projets qui ont germé : gardez-les précieusement, ils sont excellents. N'hésitez pas à consacrer beaucoup d'énergie à obtenir l'argent désiré. Il faut du temps et de la ténacité mais le succès est au bout de cette quête, à condition de ne pas « détaler » en cours de route. Vous allez acquérir une position solide et vos gains ne seront pas fugitifs.

170

T – Vous avez reçu des dons et des talents que vous n'avez pas encore trouvé le moyen de mettre en œuvre professionnellement parlant, dans une activité que vous aimiez. N'attendez pas que les choses se fassent sans vous, vous resteriez avec vos désirs, vos idées sans pouvoir les vivre vraiment. C'est à vous de franchir le pas, de provoquer les événements, vous en avez le potentiel, mais vous ne l'avez pas encore utilisé. Soyez entreprenant : si vous développez cette dynamique, vous atteindrez vos objectifs.

A – Vous avez une immense sensibilité et une grande capacité d'amour. Cependant, la vie ne vous a pas encore offert la possibilité de leur donner toute leur ampleur. Si vous n'avez personne dans votre vie, tout peut changer. Encore faut-il que vous mettiez le nez dehors ! Vous devez faire un pas vers l'extérieur pour provoquer des rencontres. Si vous ne vous y risquez pas, vous ne verrez pas passer la personne de vos rêves. Si vous visez déjà une relation amoureuse, tous les moyens vous sont donnés de développer davantage d'harmonie. N'hésitez pas à provoquer la vie pour voir se concrétiser vos aspirations.

S – Votre terrain est solide et vous permet de sortir des situations délicates en matière de santé. Si vous avez des problèmes en ce moment, prenez conscience de vos ressources, des ressorts qui vous animent : n'hésitez pas à développer plus d'énergie, à faire un pas vers l'action, à agir au lieu de subir ! Si vous décidez qu'il faut que cela change, cela changera ! Si vous êtes plutôt en forme, c'est que vous avez reçu en partage l'équilibre physiologique. Que cela ne vous empêche pas de prendre des initiatives pour continuer dans cette voie ! Ne vous endormez pas sur vos lauriers et donnez à votre corps les chances de poursuivre dans le bien-être !

Ag – Vous avez le potentiel pour devenir un excellent financier et obtenir ce que vous désirez en termes d'argent. Vous sentez les choses, vous réagissez au quart de tour : fiez-vous à votre flair. Cela dit, vous ne maîtrisez pas encore vos facultés : il ne suffit pas d'avoir de l'intuition, encore faut-il mettre en oeuvre une dynamique pour parvenir à ce que l'on veut ! N'oubliez pas que vous en avez les moyens. Osez donc franchir le pas ou entreprendre les démarches nécessaires... L'évolution des événements dépend de vous, et, malgré tout votre talent, rien ne peut arriver, rien ne peut changer sans votre intervention personnelle. Seules vos initiatives vous conduiront au succès.

171

T – Vous avez de l'intuition, et l'imaginaire est une source de richesses où vous pouvez puiser pour alimenter votre puissante créativité. Cette année, vous aurez l'occasion de mettre en œuvre, soit pour la première fois, soit dans un renouveau, tous ces trésors accumulés depuis longtemps et qui ne demandent qu'à voir le jour. Faites-vous confiance : votre talent va se diriger tout droit vers la réussite, même si ce n'est pas sur les sentiers battus. Vos idées seront appréciées, reconnues, on se fiera à vous. Il est bon de prendre seul des responsabilités et de ne pas se laisser influencer.

A – Que de richesse et de délicatesse dans les sentiments qui vous animent ! Vous sentez les choses et même si cela vous a rendu vulnérable par le passé, c'est désormais une renaissance affective qui s'annonce. Votre sensibilité va enfin trouver sa réponse. L'autre va vous percevoir, vous entendre, vous comprendre. Si vous n'avez personne dans votre vie, détendez-vous, l'élu n'est pas loin. Si vous coulez déjà des jours heureux en couple, toutes les potentialités sont de votre côté pour créer un renouveau, une régénération.

S – Vous avez en vous les moyens de sentir ce qui est bon pour vous ou pas : écoutez votre intuition Si vous avez été souffrant, vous entrez dans une période de transformation où tout se conjugue pour conduire au mieux être. Laissez votre connaissance intérieure prendre naturellement le chemin du renouveau. Si vous êtes en bonne santé, c'est que vous avez su écouter votre corps pour le mener à l'harmonie. Vous êtes doté d'une belle et riche nature qui vous permet de développer une pensée positive. C'est là votre meilleur allié. Entreprenez et faites tout ce que vous sentez, vous aurez raison, toujours raison !

Ag – Soit vous jouissez déjà d'un certain bien-être matériel, soit ce dernier est tout proche. Dans tous les cas de figure, votre intuition vous guide pour faire entrer le dieu Argent en votre demeure. De plus, vous abordez une période de renouveau : des occasions peuvent se présenter. C'est le moment d'être attentif et vigilant, pour ne rien laisser passer. Votre esprit d'entreprise va vous permettre d'accroître vos ressources. Mais vous ne devez en aucun cas vous en tenir à un système obsolète : vous recueillez le fruit de vos investissements soit matériels, soit intellectuels. Dans tous les cas, votre vie est marquée de façon certaine par un accroissement des richesses et par la nouveauté.

172

T – Vous allez enfin pouvoir retrouver votre confiance en vous ! Vos idées sont excellentes, et vous avez le talent et la lucidité nécessaires pour savoir exactement ce dont vous êtes capable, ce que vous cherchez et comment l'obtenir. Ce n'est certainement pas comme par le passé, et vous devez accepter d'ouvrir une porte vers l'inconnu. Allez à la rencontre de gens que vous ne connaissez pas pour donner un champ à vos compétences. Si vous êtes actuellement sans emploi, rassurez-vous, les moyens vous sont donnés pour en obtenir un. Mais ne perdez pas de vue que cela nécessitera peut-être que vous acceptiez d'aborder des activités que vous n'aviez jamais pratiquées. De même, le moment est propice pour prendre des contacts avec des personnes ou des entreprises que vous n'aviez jamais côtoyées.

A – Vous recelez une grande richesse affective, que vous avez su développer avec lucidité, ce qui est un atout pour éviter l'erreur. Vous pouvez avoir confiance en vous. Si vous n'avez personne dans votre vie, développez des contacts, allez à la rencontre des autres, acceptez d'élargir votre cercle de relations. C'est à ce prix que vous trouverez l'être aimé. Si vous vivez déjà en couple, vous pouvez être sûr de l'autre, en vous montrant toutefois vigilant : il faut être plus attentif pour approfondir une facette de sa personnalité que vous connaissez mal. Accepter la différence peut apporter une complémentarité.

S – Le potentiel d'énergie que vous avez reçu est remarquable. Si vous êtes néanmoins souffrant en ce moment, faites confiance à cette dynamique qui vous anime et à laquelle vous n'avez pas encore eu recours. Vous êtes comme quelqu'un qui possède des richesses et qui ne sait pas s'en servir. Prenez le soleil, marchez, faites du sport avec d'autres. Et pourquoi ne pas vous ouvrir à des activités nouvelles ? Si vous vous portez bien, profitez de toute cette énergie et apprenez à l'utiliser au quotidien.

Ag – Vous avez la chance de montrer beaucoup d'intuition et de luciditédans tout ce qui touche aux finances. Quels que soient les soucis actuels, vous en sortirez. À une condition : rencontrer des gens nouveaux, ne pas hésiter à frapper à des portes inconnues et modifier en profondeur votre manière de procéder. Si votre situation financière est plutôt satisfaisante, vous avez les moyens de prolonger cette conjoncture favorable. Cependant, ne vous endormez pas et avancez vers des actions inédites, des gens nouveaux.

173

T – Quelle que soit votre situation actuelle, que

vous soyez sans travail ou en pleine activité, vous entrez dans une période bénie. L'intelligence et le savoir-faire que vous avez reçus en partage ne demandent qu'à éclore dans des projets qui vont prendre une belle dimension. Tous vos dons sont désormais appelés à être exploités. Vous allez enfin naître à ce que vous avez toujours voulu vivre. La réussite est là, toute proche. Vous allez même vous payer le luxe de faire des choses qui nous plaisent, que vous aimez. Votre vocation peut enfin éclater au grand jour : rien ni personne ne saurait vous barrer la route en ce moment.

A – Quelle période heureuse se prépare dans le domaine affectif ! Vous êtes un être sensible, né pour les grands sentiments, seuls dignes de votre intelligence de cœur. Si vous avez quelqu'un avec qui partager cet épanouissement, vous êtes parti vers une histoire qui aura de très beaux prolongements. Si vous n'avez pas encore reçu ce cadeau de la vie, réjouissez-vous et préparez-vous à naître à la joie d'aimer : le grand amour s'annonce, avec un être doté de la même forme d'intelligence que vous. Votre intuition saura reconnaître l'élu sans se tromper !

S – Si vous avez eu des problèmes de santé, voici venue l'heure de la guérison totale et de la renaissance de vos énergies. Votre intelligence et votre intuition savent sélectionner les moyens permettant de retrouver votre vigueur. La pensée positive est le meilleur remède pour

accéder non seulement à la convalescence, mais à une récupération complète.
Si vous allez bien, aucune inquiétude à l'horizon. Vous avez déjà reçu un terrain solide, continuez gaillardement votre route sans accrocs : vous savez parfaitement ce qu'il faut faire pour conserver la forme.

Ag – Excellente période pour laisser les soucis derrière vous et vivre une véritable renaissance ! Si le domaine financier pose actuellement des problèmes, écoutez votre intelligence et votre intuition, qui vous indiqueront une issue rapide. Tout se conjugue pour vous tirer d'affaire, et votre débrouillardise portera bientôt ses fruits.
Si vous jouissez déjà de la sécurité matérielle, aucun nuage ne se profile à l'horizon : vous êtes appelé à gagner ou à recevoir encore plus d'argent. Vos projets et vos idées aboutissent, et vous savez parfaitement naviguer pour accroître votre avoir.

174

T – Voici une période extrêmement favorable pour tout ce qui concerne les activités professionnelles. Si vous êtes sans emploi, une possibilité de réalisation remarquable se présente, sous la forme d'une nouvelle activité qui va vous permettre de développer pleinement vos capacités. Ce que vous trouverez sera solide et vous permettra de donner de l'ampleur à toutes vos compétences ; vous serez reconnu et encouragé. Si vous exercez déjà une profession, vous êtes dans une année où tout est possible. Vous récoltez enfin le fruit de vos efforts. Tout ce que vous entreprenez tient la route sur le long terme : vous n'êtes pas près d'être détrôné !

A – Vous recelez un immense potentiel affectif : vous êtes quelqu'un de très absolu dans vos sentiments, quelqu'un qui sait aimer et vivre intensément.
Si vous êtes en quête d'amour, la période vous est particulièrement propice ; vous pouvez même envisager de construire une vie à deux pour longtemps. Vos dons et votre sensibilité sauront choisir et reconnaître l'être qui vous correspond le mieux. Si la vie vous a déjà comblé, vous accédez à la plénitude des sentiments. Vous pouvez à présent envisager de réaliser des choses à deux. C'est sur de solides bases que s'appuieront ces nouvelles constructions.

S – Tout va pour le mieux en matière de santé. Les éventuels problèmes se sont évanouis, et vous retrouvez peu à peu l'intégralité de votre énergie. Vous pourrez bientôt reprendre des activités avec encore plus de résistance qu'avant, sans risque de rechute.
Si vous vous portez bien, vous allez encore vous épanouir dans le bien-être, en étant agréablement surpris par l'ampleur de vos ressources, dans lesquelles vous allez pouvoir puiser afin d'être beaucoup plus compétitif. On n'est pas prêt de vous déstabiliser !

Ag – Période bénie et sécurisante dans le domaine matériel. Vous avez tous les atouts pour consolider votre situation. Si vous avez rencontré des difficultés financières, vous possédez désormais les ressources nécessaires pour en sortir. Par ailleurs, vous vous dirigez vers un succès qui se confortera de jour en jour. Si vous êtes plutôt dans l'aisance, ne vous faites aucun souci : les personnes rencontrées vous donnent la possibilité de conforter encore votre situation. Rien ne vous semble présenter un risque. Soyez ambitieux et laissez libre cours à votre gourmandise !

175

T – Vous n'êtes pas fait pour rester trente ans dans le même emploi. Votre curiosité a besoin de naviguer d'un domaine à l'autre. Si vous n'avez pas de travail, votre indépendance et votre liberté d'esprit sont vos meilleurs atouts. Des portes s'ouvrent, à condition d'oser y frapper et d'être prêt à approcher différentes activités. Vous devez développer souplesse et curiosité. Si vous êtes déjà en place, le cadre et la hiérarchie vous pèsent. Vous aimez faire les choses seul et laisser s'exprimer votre libre arbitre. Un travail indépendant est la meilleure voie : vous saurez alors trouver les ouvertures menant au succès.

A – Si vous envisagez de vous marier, ce n'est vraiment pas le moment ! Votre bonne étoile – qui est d'ailleurs prête à vous prodiguer une

multitude de bienfaits – vous porte vers le succès, mais dans l'indépendance et la liberté. Pas question de vous installer au coin du feu, fumant la pipe ou tricotant : un souffle d'aventure balaie votre univers et vous pousse à vivre des moments d'exaltation, mais sans attaches.
Si vous vivez déjà dans une relation confortable, c'est le moment ou jamais de lui donner du piquant, de prévoir des sorties, des petits voyages : il est impérieux de sortir votre couple du train-train quotidien. L'habitude est votre pire ennemi, et vous irez fort bien à deux en retrouvant un nouveau dynamisme, en faisant la fête, en vous ménageant des surprises…

S – Si vous avez eu des problèmes de santé, c'est le moment de vous dégager des obligations et des contraintes qu'ils ont engendrées ; vous avez désormais la possibilité de vous libérer de la maladie. L'activité est recommandée, tout s'ouvre : vous pourrez de nouveau vivre comme avant, peut-être avec plus d'audace.
Si vous allez bien, vous avez tout de même tendance à faire n'importe quoi, à vous nourrir n'importe comment ; vous ne supportez aucune contrainte, et ceux qui vous entourent protestent : « Tu n'es pas vraiment raisonnable ! » Qu'importe, cela vous réussit, et faire ce que vous voulez comme vous le voulez vous prodigue, en fin de compte, un bien-être que beaucoup vous envient.

Ag – Vous êtes d'une nature plutôt dépensière, et ce ne sont pas les banquiers qui s'enrichiront avec vous. Si vous n'avez pas de difficultés financières, tant mieux, il vous est donné le moyen de rebondir et de trouver à l'extérieur une foule de réponses à vos problèmes. Cela peut durer indéfiniment, car vous dénichez toujours les solutions de dernière minute et savez frapper aux bonnes portes. Votre charme et votre côté conquérant séduisent, et les refus sont rares.
Si vous avez des ennuis, foncez, entreprenez, c'est le moment ! Usez de votre audace, elle vous permettra de surmonter les soucis momentanés.

176

T – Vous êtes doué d'une grande intelligence, et cette année devrait vous procurer à de nombreuses satisfactions professionnelles.
Si vous êtes en recherche d'emploi, vous allez trouver comment sortir de vos difficultés. C'est par le charme et la douceur que vous atteindrez votre but, l'année se révélant pleine de promesses. Vous pouvez enfin trouver le poste qui vous convient.
Si vous êtes déjà dans le monde du travail, vous allez vous régaler, en développant une compréhension et une intelligence qui forceront l'admiration autour de vous. Vous vous découvrirez des dons autant artistiques que spirituels. Il y a cohérence et harmonie entre vos qualités et ce que vous en faites.

A – Excellente période pour tout ce qui concerne le domaine sentimental. Vous êtes doué pour l'amour, et si, actuellement, vous recherchez le bonheur, laissez-vous aller à la jubilation : vous allez enfin rencontrer l'être qui vous correspond, quelqu'un qui a la même sensibilité que vous et qui est prêt à vivre à l'unisson.
Si vous avez déjà rencontré l'âme sœur, l'harmonie qui règne entre vous n'est pas près de s'échapper de votre foyer. Vous sentez les choses en même temps, avez les mêmes intérêts, les mêmes idées, les mêmes passions.

S – En principe, la période n'est pas aux difficultés, et vous pouvez dormir sur vos deux oreilles. Si toutefois vous aviez quelques soucis, ils seront de courte durée. Se relaxer, se détendre, développer des pensées positives remettent immédiatement en selle. Le bien-être ne demande qu'à redevenir votre quotidien.
Si vous allez plutôt bien, c'est que vous maîtrisez l'art de vivre – beaucoup devraient vous imiter. Vous savez trouver l'harmonie entre vos capacités et vos actions, goûter aux plaisirs (sans excès) et faire intelligemment alterner le repos et la fête.

Ag – Période très harmonieuse sur le plan financier. Si, pour l'instant, vous ne ployez pas sous l'excès de capital, vous allez trouver les idées qui vous permettront d'atteindre à nouveau l'aisance. Votre charme et votre intelli-

gence sauront obtenir ce que vous souhaitez. Vous retrouverez alors rapidement l'équilibre entre vos besoins et les possibilités réelles.
Si vous n'avez pas des soucis matériels, vous continuez au même rythme, en gérant merveilleusement vos affaires. Vous recevez ce que vous méritez.

177

T – Vous avez vécu des moments difficiles dans le cadre professionnel, mais vous avez désormais la possibilité d'en sortir.
Si vous êtes sans travail et que vous subissiez une insatisfaction profonde, ce n'est pas le moment de vous abandonner à la tristesse, vous avez le talent qu'il faut pour trouver les solutions. Non seulement vous pouvez vous dégager de ces difficultés passagères, mais le triomphe vous attend – à condition que vous alliez de l'avant.
Si vous êtes en activité, vous pouvez subir des contrariétés qui vous remettent en question – il peut s'agir de déceptions dues à votre entourage. Vous avez les moyens de tourner le dos à ce qui vous fâche. Douceur et diplomatie vous permettent d'éviter le conflit. Patience !

A – Vous êtes dans une période d'extrême sensibilité qui peut provoquer doutes et incertitudes.
Si vous ne vivez pas le grand amour, vous allez pourtant vers des jours meilleurs. La vie vous a causé des chagrins dont vous êtes en encore

marqué. Vous devez comprendre que les échecs passés étaient dus à votre méconnaissance des jeux de l'amour. Vous êtes maintenant armé et disposé à combattre : la victoire vous attend.

Si vous êtes heureux, c'est que vous avez trouvé quelqu'un qui a su panser vos plaies et vous a donné les moyens de vivre votre amour. Soyez néanmoins vigilant à ne pas tomber dans le doute, il vous empoisonnerait.

S – Vous avez pu manifester quelque fragilité du point de vue circulatoire ou cardiaque. Si vous vous sentez mal, comprenez que votre côté émotionnel y est pour beaucoup et que vous avez toutes les chances d'échapper à vos malaises. Votre terrain est beaucoup plus solide que vous ne le pensez : vous serez étonné de vos performances.

S'il n'y a rien à signaler côté forme, cela ne veut pas dire que vous ne risquiez pas quelques faiblesses. Attention à votre côté anxieux, voire angoissé, qui peut vous empêcher de profiter des bons moments. Croyez en votre excellente santé et profitez-en.

Ag – Vous avez, récemment ou non, eu des déboires financiers. Si c'est le cas, comprenez que c'est votre vulnérabilité qui vous a joué des tours. Vous avez péché par excès de confiance et avez été trompé, ou votre gentillesse n'a pas été payée de retour. Trop de douceur nuit ! Et vous en avez donné beaucoup… Vous n'avez

pas les moyens de vous faire plaisir, de vous offrir des cadeaux, mais cela va changer : vous allez bientôt découvrir les moyens de sortir du marasme.
Si votre porte-monnaie est en période d'expansion, c'est peut-être la récompense des efforts consentis par le passé. Vous êtes sorti indemne des difficultés et goûtez désormais la joie d'une sécurité retrouvée qui vous permet enfin de vous offrir ce que vous n'espériez plus acquérir.

178

T – Excellente période pour tout ce qui touche au domaine professionnel. Si vous êtes sans emploi, vous avez les armes vous permettant d'en trouver un prochainement. Présentez-vous à l'embauche en toute confiance, vos compétences seront reconnues et vos recherches aboutiront. Enfin, tout s'ouvre devant vous.
Si vous avez déjà un travail, surtout ne le quittez pas, il vous apporte les ouvertures assurant une victoire prochaine. Soyez certain que le succès vous attend et que l'équilibre trouvé est solide et durable.

A – Vous avez reçu le charme et la séduction, vous êtes doué et vous entrez dans une période favorable sur le plan affectif.
Si, actuellement, c'est le désert, soyez assuré que le terrain va rapidement devenir fertile : rien ni personne ne pourra compromette vos succès amoureux. Ce que vous aviez pu laisser

échapper par le passé, vous allez savoir le garder aujourd'hui.
Si vous aimez quelqu'un, couvez précieusement cet amour, car il vous fera accéder à la joie et au bien-être que vous méritez. Soyez sincère, ne cachez pas vos sentiments, ils seront accueillis sans aucune réserve.

S – La vie vous a donné une santé de fer que vous n'êtes pas près de la laisser s'étioler.
Si vous vous sentez un peu déprimé en ce moment, sachez que le malaise est passager et ne peut en aucun cas vous atteindre profondément. Vous retrouverez prochainement équilibre et bien-être tant physiques que psychologiques.
Si vous êtes en excellente santé, comme je le pense, vous avez la chance de pouvoir conserver la forme malgré certains écarts, car vous retombez toujours sur vos pieds. Vous savez instinctivement ce qui est le mieux pour vous. Vous n'êtes pas près de vous laisser déséquilibrer par l'extérieur.

Ag – Vous avez reçu de l'argent ou les moyens d'en gagner. C'est un moment particulièrement propice au retour de l'équilibre financier.
Si vous vous trouvez désargenté, ce n'est pas pour longtemps : les vaches maigreslaissent places aux plus grasses. Vous avez d'ailleurs tous les talents pour gérer vos acquis et les conserver, mais vous allez enfin pouvoir les utiliser.
Si tout se passe bien pour vous, ce n'est pas

fini : la vie vous comble de cadeaux, assurant de surcroît votre sécurité et vous ouvrant de nouvelles possibilités financières.

179

T – Vous avez connu quelques frustrations ou déceptions sur le plan professionnel ; il vous faut chercher les moyens d'en sortir.

Si vous êtes sans emploi, vous avez tout de même reçu les capacités nécessaires à la résolution de vos problèmes. Mais cela peut prendre du temps, et vous devez développer courage et énergie pour obtenir ce que vous voulez. Vous serez peut-être même conduit à suivre une formation complémentaire, voire à apprendre un nouveau métier.

Si vous avez déjà un travail, il peut vous sembler insatisfaisant, ne vous permettant pas de développer tout votre talent. Vous devrez passer par une période de travail intense pour vous donner les moyens d'obtenir le poste que vous méritez.

A – On ne peut pas dire que vous traversiez une période bénie des dieux ni que tout se fasse dans la facilité. L'heure est plutôt à l'insatisfaction et aux manques. Ce que la vie vous donne ne remplit pas votre verre, du moins pas comme vous aimeriez qu'il le soit… Vous ne pouvez en aucun cas vous contenter de ce que vous vivez actuellement ; il va vous falloir trouver le courage de partir, tel un pèlerin, à la recherche de l'être aimé.

Si vous avez déjà quelqu'un dans votre vie et que vous souhaitiez vivre en harmonie, vous avez intérêt à ne pas rester inactif, afin de trouver les moyens d'apprivoiser peu à peu l'autre ou de développer au sein du couple plus de compréhension mutuelle.

S – Ce n'est pas une phase euphorique sur le plan de la santé. Vous vous sentez las, et même légèrement déprimé. N'accepter pas de subir cette fatigue ; cherchez courageusement les moyens de tendre vers une amélioration. Cela peut prendre un peu de temps, et, si c'est d'une convalescence qu'il s'agit, acceptez de vous montrer patiente sans pour autant rester passif. Si vous allez bien, ne tirez pas trop sur la ficelle, il est possible que vous abordiez une période de perte d'énergie. Il serait judicieux de commencer à vous économiser. Pas de sports violents ni trop d'efforts !

Ag – Ce n'est pas vraiment l'abondance, actuellement ! L'argent que vous recevez ne vous apporte pas les satisfactions espérées.
Si vous êtes désargenté, il vous faut travailler davantage ou chercher activement une solution de rechange. Cela demande du temps et des efforts. Si vous n'êtes pas démuni pour l'instant, soyez très prudent, l'heure est aux économies. Vous avez pourtant les capacités qu'il faut pour savoir maintenir l'équilibre ! C'est le moment de vous en servir : à ce prix, vous pouvez obtenir certaines satisfactions.

180

T – C'est l'heure d'élaborer des projets, de construire dans l'imaginaire ! Le travail est intérieur plus qu'extérieur.
Si vous êtes sans emploi, ce n'est pas le moment de vous endormir en rêvant à des lendemains qui chantent ! Toutes vos idées ont besoin de se matérialiser par l'action, ce qui n'est pas le cas jusqu'à présent. Rien ne peut se passer si vous ne développez pas un esprit d'entreprise.
Si vous avez du travail, vous pouvez vous réfugier dans l'imaginaire, mais pour concevoir des projets, développer une créativité qui s'apprête à bondir vers un renouveau.

A – L'heure est aux rêves, à l'imaginaire : vous brodez, vous vous racontez de belles histoires.
Personne n'occupe actuellement vos pensées, ne comptez pas que l'être idéal surgisse tout droit d'un conte de fées. La réalité peut vous faire retomber brutalement : « Qui trop embrasse (ses rêves), mal étreint (son amoureux). » Il vous faut donc faire un pas vers la réalité pour avoir les chances de faire la rencontre que vous attendez tant.
Si vous avez quelqu'un dans votre vie, attention à votre côté rêveur ou distrait ; vous êtes trop dans la lune et contemplez davantage les images issues de votre imaginaire que le visage de votre partenaire. Pourtant, vous devez faire un pas vers l'autre, créer plus d'échanges en apprenant à vivre avec la réalité. Alors, vous trouverez à deux le vrai bonheur.

S – Vous vous sentez malade ou vous croyez l'être ! Et vous restez là, passif, dans cet état trouble. Si vous êtes vraiment souffrant, il est mauvais de l'accepter et de vous laisser porter par votre malaise. Vous devez vous reprendre et trouver rapidement les moyens de sortir de votre torpeur. Cela vous permettra d'amorcer la guérison et de comprendre que nous sommes notre meilleur médecin : sans nous, personne ne peut rien pour nous. Si vous n'êtes touché par aucune affection, prenez garde de ne pas vous laisser porter par la vie. Vous êtes le seul maître de votre bien-être, et votre lymphatisme risque d'ouvrir les portes aux agressions extérieures.

Ag – Vous rêvez d'argent, mais vous ne vous donnez pas les moyens d'en gagner. Pourtant, vous êtes riche de créativité, et si vous y mettiez du vôtre, vous pourriez approvisionner abondamment votre tirelire.
Si vous êtes actuellement plutôt désargenté, c'est le moment d'agir avec énergie. Vous êtes devant une porte largement ouverte, qui vous permet de trouver votre sécurité ; encore faut-il que vous la franchissiez en multipliant les contacts.
Si vous vivez dans le confort matériel, ne vous endormez pas pour autant : rien n'est jamais acquis, et vous devrez travailler pour conserver ce que vous avez. Vous pouvez en revanche donner de l'ampleur à votre capital et même le diversifier, à condition de faire un pas en avant et de ne pas craindre l'action.

181

T – Excellente période pour le travail : tous vos projets, toutes vos idées peuvent enfin voir le jour. C'est le temps du renouveau.
Si vous êtes sans emploi, n'ayez cependant aucune inquiétude : vous apercevez le bout du tunnel, vous aurez bientôt la possibilité de commencer une nouvelle activité. Vous serez reconnu, accepté et apprécié.
Si vous avez déjà un travail, l'heure est au dynamisme et à la créativité : les idées fusent, et tous vos projets et espérances trouvent enfin une réponse favorable. Les autres – ceux qui travaillent avec vous ou pour vous, ou encore votre clientèle – se font chaleureux, vous permettant qui plus est de repartir sur un grand pied.

A – La chance sourit aux audacieux, et la vie leur appartient. Vous abordez une période de renouvellement, de joie, de créativité. Oser entreprendre apporte le succès.
Si vous n'avez pas rencontré l'âme sœur, cela ne saurait tarder : l'annonce vient à vous et vous allez vers lui. Une belle histoire commence dans la clarté et la franchise.
Si vous avez déjà quelqu'un dans votre vie, la perspective d'une magnifique renouvellement se dessine, l'harmonie règne en maîtresse. Vous êtes vraiment fait pour être ensemble, nous comprenant d'un regard, sans avoir besoin de parler. Chaque jour est différent, car vous savez refuser le quotidien, les habitudes.

S – Excellente période pour tout ce qui touche à la santé.
Si vous avez été souffrant, la guérison est assurée : vos problèmes ne seront bientôt plus qu'un mauvais souvenir. Vous allez vous sentir tout neuf, prêt à reprendre vos activités : le dynamisme ne vous fera pas défaut.
Si vous allez bien, n'ayez aucun souci : non seulement vous garderez la forme, mais vous bénéficier encore d'un regain d'énergie. Vous aurez besoin d'entreprendre, de créer, et plus vous serez dans l'action, mieux vous vous porterez. L'énergie extérieure nourrira votre énergie intérieure.

Ag – Temps d'excellence sur le plan financier.
Si vous avez connu le manque d'argent, vos rêves et vos espoirs se réalisent, et c'est d'un bon pied que vous commencez une nouvelle vie. Les contacts sont fructueux, les petits ruisseaux vont devenir de grandes rivières. Montrez-vous dynamique, ce ne sera pas en vain.
Si vous avez des moyens, soyez heureux, car c'est le moment de doubler la mise. N'hésitez pas à faire des placements, au lieu d'économiser. En tout cas, il vous faut créer un renouveau qui fera que toute action entreprise dans le but d'accroître votre patrimoine sera couronnée de succès.

182

T – Tout ce qui concerne le domaine professionnel provoque chez vous une sensation

d'étouffement qui vous pousse à tenter d'ouvrir une nouvelle page dans votre vie, pour prendre enfin la dimension que vous méritez.
Si vous êtes sans emploi, vous avez l'impression de stagner ; il se peut que vous deviez vous faire violence pour sortir d'une torpeur qui vous empêche de vous battre et de trouver le poste désiré.
Si vous êtes déjà en activité, vous n'en ressentez pas moins le besoin d'élargir votre espace vital, afin de pouvoir enfin donner son plein épanouissement à votre talent. Il se peut aussi que vous périssiez d'ennui ; or, si vous voulez obtenir un avancement ou tout autre résultat correspondant à vos attentes, vous serez obligé de passer par des chemins encore inconnus.

A – Votre univers sentimental vous procure une sensation d'étouffement, à moins que vous ne viviez une relation qui vous écrase. Il vous faut absolument changer de direction.
Si vous n'avez personne que vous tienne la main, ce n'est pas le moment de rester calfeutré chez vous, isolé, ni de vous réfugier dans le seul univers onirique. Le temps est venu d'oser frapper à la porte de l'inconnu. Vos craintes vous paralysent, vous immobilisent, ce qui ne risque pas de vous aider à rencontrer l'amour souhaité.
Si vous avez quelqu'un dans votre vie, vous pouvez ressentir un malaise : vous êtes dans une période où vous subissez trop les événe-

ments. Votre côté influençable vous empêche d'être vous-même, de vous exprimer, de vous manifester. Il vous faut résolument fonctionner différemment si vous voulez que cela change.

S – Vous subissez une perte d'énergie et vous ne faites pas grand-chose pour y remédier. Votre immense sensibilité y est pour beaucoup. Vous êtes comme une éponge et vous absorbez toute la négativité qu'on vous adresse. Vous êtes un inquiet de nature, et c'est en vous sentant malade que vous tombez malade. Vous devez changer de stratégie et vous projeter plutôt vers l'extérieur et l'action, au lieu de ronger votre frein en ruminant vos soucis. Le bien-être revient, à condition d'accepter de vivre différemment. Cela va vous demander un effort : « secouez-vous » un peu !

Ag – Ne négligez pas les questions financières : c'est un peu le calme plat actuellement, et vous allez devoir agir différemment si vous voulez que votre situation évolue.
Si vous avez des problèmes d'argent, ce n'est pas du tout le moment de faire des vagues : veillez plutôt à rester prudent et à retenir votre souffle. La solution va néanmoins se présenter, par le biais d'une opportunité insoupçonnée de quelqu'un que vous ne connaissez pas encore.
S'il n'y a pas de raisons de vous inquiéter pour le moment, ne partez pas pour autant dans des dépenses inconsidérées. Gardez vos acquis, ne

prenez pas de risques ; vous devez à attendre que l'horizon s'éclaircisse.

183

T – Vous recelez d'innombrables talents et possibilités qui ne demandent qu'à s'exprimer dans le cadre professionnel.
Si vous êtes sans emploi, la promesse d'une réalisation se dessine, vos projets peuvent voir le jour. Votre intuition vous assure une réussite totale ; les rencontres, fructueuses, débouchent sur un poste sûr et qui vous convient.
Si vous avez du travail, votre richesse imaginative et votre créativité ont soif de s'exprimer. C'est le moment de leur laisser libre cours, votre talent en sera largement récompensé. Vous pouvez également rencontrer quelqu'un qui vous apportera une aide précieuse.

A – Vous recelez une profonde richesse affective, avec une tendance au rêve et à l'imaginaire. Tant mieux, car, cette année, les rêves peuvent devenir réalité.
Si vous n'avez personne près de vous, le bonheur couve ; la vie se prépare à vous apporter un superbe cadeau, la réalisation amoureuse vous tend les bras. Il est indispensable de sortir, de voir du monde. C'est au milieu des gens et par eux que vous rencontrerez l'être aimé.
Si vous avez à vos côtés quelqu'un auquel vous tenez, vos rêves les plus fous peuvent se concrétiser, votre intuition vous permettant de diriger vos amours dans le sens que vous sou-

haitez et de leur donner l'ampleur qui leur faisait jusqu'à ce jour défaut.

S – Il est question de renaissance : si vous avez été souffrant, cela a pu vous toucher à plusieurs niveaux. Vous avez maintenant la possibilité de sortir de cet état et de retrouver la pleine possession de vos moyens. C'est un véritable retour de vos facultés !
Si vous allez plutôt bien, faites confiance à votre intuition, vous avez les moyens de conserver ce précieux bien-être. Vous avez trouvé le rythme de vie qui vous convient, et tout est réuni pour continuer sur le même chemin. Vous pouvez même emmener votre entourage dans votre sillage, en donnant l'exemple de quelqu'un qui sait bien vivre.

Ag – Très bonne période, durant laquelle vous développez votre intuition pour gagner de l'argent. Les contacts, les rencontres sont privilégiés, vous permettant de déboucher sur de réelles aventures.
Si vous êtes désargenté, votre esprit créatif et inventif se mobilise pour déployer des astuces conduisant à la résolution de tous vos problèmes. Vous serez persuasif, et votre intelligence saura contourner les obstacles.
Si vous n'avez pas de problèmes financiers, c'est le moment de développer encore vos acquis. Votre savoir-faire créera de multiples occasions, et vous donnerez votre pleine mesure pour faire fructifier ce que vous aviez semé.

184

T – Voici venu le temps de libérer vos idées pour les mettre enfin en pratique et construire votre avenir.
Si vous êtes sans emploi, foncez, suivez votre intuition et vos sentiments, frappez à toutes les portes : vous pouvez être certain qu'une place vous attend, où votre créativité va trouver racine ; cela demande simplement que vous mettiez toutes votre énergie à contribution.
Si vous avez déjà un travail, n'hésitez pas à libérer ce que vous n'avez pas osé exprimer jusqu'à ce jour ou ce que vous n'avez pas voulu imposer aux autres. C'est le moment ou jamais de donner corps à toute cette richesse. Vous pouvez vous permettre tout et n'importe quoi, vous serez reconnu, et la sécurité n'est pas près de vous lâcher.

A – Votre sensibilité a besoin de légèreté et de liberté ; d'ailleurs, c'est ainsi que vous avez vécu jusqu'à présent, afin de vivre comme vous l'entendiez. Il y a du changement dans l'air ! Vous allez prendre racine et votre fameuse indépendance va goûter à la sécurité – sans perdre pour autant de son panache. Vous avez besoin de fantaisie pour nourrir le quotidien, vous aimez les surprises, les recevoir et les faire.
Si vous êtes seul pour l'instant, vous ne devriez pas le rester longtemps, et vous pouvez papillonner allègrement. Mais, attention, vous risquez d'être piégé (sans en souffrir aucunement) : Cupidon est taquin !

S – Vous êtes dans une période idéale pour vous libérer de vos maux ; rien ne vous oblige à rester installé dans la maladie ! Vous pouvez rapidement retrouver votre forme et faire de nouveau tout ce que vous avez envie de faire.
Si vous vous portez bien, vous n'avez rien de spécial à faire pour prolonger ce bien-être. Tout vous est permis, vous êtes solide comme un roc et pouvez faire une chose et son contraire, l'un ou l'autre étant accueilli de façon également positive.

Ag – Ce n'est pas votre côté dépensier qui va vous ôter votre sécurité. Soit vous êtes une joyeuse nature qui se contente de peu et se régale d'un rien, soit vous savez faire de l'argent avec tout et n'êtes pas près de vous retrouver sans le sou. Votre argent entre et sort avec la même aisance, vous êtes décidément doué, et les ombres de la crise ne vous font pas peur. Excellente période pour prendre des contacts, faire part de ses idées et planter tous azimuts de petits arbres qui feront une forêt. Tous les espoirs sont permis, et vous êtes typiquement un vecteur de croissance.

185

T – Vous êtes en train de découvrir les richesses qu'il y a en vous, dont une intuition formidable qui peut vous dévoiler des horizons plus cléments. Vous allez enfin trouver un travail qui corresponde à vos capacités.
Si vous êtes sans emploi, sachez vous écouter,

faites le point précis de ce que vous voulez obtenir, et votre intelligence vous ouvrira des possibilités ; vous serez enfin apprécié à votre juste valeur.
Si vous avez déjà du travail, n'hésitez pas à suivre tout ce que vous sentez et devinez. Les projets que vous avez en tête peuvent se réaliser. Les ouvertures et les changements avantageux ne seront provoqués que par vous-même, et vous saurez parfaitement vous diriger jusqu'à la réussite que vous aurez bien méritée.

A – Vous êtes désormais prêt à vivre l'amour dont vous avez toujours rêvé. Tout se conjugue pour favoriser la rencontre du partenaire idéal. Si vous n'avez pas encore trouvé votre moitié, c'est le moment d'utiliser votre intelligence pour séduire. Vous percevez tout au quart de tour et ne risquez pas de vous tromper : vos jugements sont sûrs et clairvoyants.
Si vous avez déjà quelqu'un auprès de vous, votre finesse saura préserver vos acquis. Vous savez écouter et comprendre. Par chance, vous avez tous les deux les mêmes idées, la même forme de perception, et vous pouvez vous régaler dans vos échanges intellectuels. Le conflit n'est pas à l'ordre du jour ; c'est dans l'harmonie que vous saurez conserver la richesse de votre relation.

S – Excellente période pour tout ce qui touche le domaine de la santé.
Si vous avez été souffrant, votre finesse d'ana-

lyse vous guide vers la guérison ; vous pouvez vous laisser couler doucement dans la connaissance profonde que vous avez acquise de votre fonctionnement. On ne peut se tromper en écoutant son intuition : vous trouverez ainsi le chemin de votre renaissance.
Si vous allez plutôt bien, c'est que vous avez été à l'écoute de vous-même : personne ne sait mieux que vous ce qui est bon pour vous. Continuez résolument dans cette direction ! Tout participe à votre bien-être, et l'harmonie règne entre toutes les fonctions de votre corps.

Ag – Excellente période en matière financière. C'est le moment de déployer votre talent et votre savoir-faire pour obtenir ce que vous désirez.
Des soucis vous chagrinent ? Vous avez tous les atouts en main pour y remédier. Faites-vous confiance et suivez votre intuition, elle vous livrera les recettes pour sortir de ce mauvais pas. N'oubliez pas non plus que votre sens de la persuasion vous permettra d'atteindre vos objectifs.
Si aucun nuage n'obscurcit votre ciel, c'est que vous avez su emprunter la route qu'il fallait. Vous avez le sens de l'argent et savez comment le gagner, mais, plus encore, comment ne pas le perdre ! Vos projets et vos idées de développement ou d'enrichissement sont en très bonne voie ; vous saurez convaincre.

186

T – Période difficile au niveau professionnel. Le temps n'est pas aux vaches grasses...

Si vous avez des problèmes et que vous soyez sans travail, ou que vous rencontriez des ennuis dans votre emploi actuel, votre inertie ne risque pas de vous tirer de là ! Point n'est besoin de ressasser vos maux et de tourner-virer autour de ce qui ne va pas. Seules la décision et l'action peuvent vous aider.
Si vous n'avez pas de soucis, soyez néanmoins prudent et ne vous endormez pas dans une euphorie qui peut cacher des difficultés futures. Vous avez tendance à attendre que les choses se fassent sans vous, mais là, si vous ne bougez pas, vous risquez d'avoir de mauvaises surprises. Soyez vigilant !

A – Période d'impasse dans le domaine sentimental. Vous pouvez être marqué par des chagrins du passé. Si tel est le cas, le danger consiste à ne pas tourner la page et à rester dans une phase d'immobilisation stérile. Vous stagnez. À force de ressasser votre peine, vous n'imaginez pas des lendemains meilleurs.
Si vous êtes heureux, ne vous endormez pas, votre côté rêveur peut construire des châteaux en Espagne et vous bercer de douces illusions. Vous êtes trop demandeur, affectivement parlant ; vous gagneriez à prendre un peu de recul. Vous devez passer un moment délicat et n'avez pas intérêt à « patauger » perpétuellement dans les flaques.

S – Passage délicat concernant la santé.
Si vous rencontrez des problèmes, c'est que

votre énergie vous a déserté. Vous traversez une période de lymphatisme et avez tendance à vous laisser aller, à accepter votre malaise comme un état de fait. Ce n'est pas en vous abandonnant à votre mal-être que vous allez vous en sortir. Instillez un peu de joie et de plaisir dans votre existence, tout en laissant libre cours à votre sensibilité, ce qui vous permettra de reprendre pied.
Si vous vous sentez plutôt bien, restez vigilant, ne vous endormez pas dans une fausse sécurité qui pourrait vite vous causer des déboires. N'oubliez jamais de mettre un peu plus de dynamisme dans votre vie, c'est essentiel pour vous !

Ag – Les temps sont plutôt aux restrictions, et le vent ne souffle guère dans vos voiles pour que votre cap change.
Si vous êtes en situation de crise, ressasser en boucle les éléments du problème ne sert pas à grand-chose. Ce passage difficile peut vous causer de sérieuses inquiétudes, mais il vous faut prendre conscience que l'issue est proche, pour peu que vous acceptiez d'être patient et attentif. Si au contraire, vous n'avez pas d'appréhensions, ne restez pas installé dans votre euphorie, vous risqueriez d'éprouver une déception, une contrariété. Il serait judicieux de vous y préparer et de rester sur vos gardes.

187

T – Période fastueuse pour toute forme d'activité.

Si vous êtes sans emploi, réjouissez-vous, la fin du tunnel s'annonce. Tout devient facile, et c'est sur un tapis rouge que vous entrez dans le monde actif, où vos capacités seront enfin reconnues. Servez-vous de votre créativité et de votre imaginaire, ils vous permettront d'atteindre des sommets.
Si vous n'avez aucun problème, vous allez continuer à emprunter la voie royale d'où personne n'est prêt de vous déloger. Vous goûtez à la réussite, les portes s'ouvrant largement devant vous pour prolonger cette satisfaction. Les résultats dépassent même de loin vos espérances. Rien ne vous empêche d'ouvrir encore de nouvelles portes et de développer des points jusqu'ici restés dans l'ombre.

A – L'heure du triomphe amoureux a sonné. Vous qui avez un imaginaire puissant allez voir la réalisation de vos rêves, sous les traits du compagnon idéal.
Si vous n'êtes pas accompagné en ce moment, l'objet de vos désirs se présente le plus naturellement du monde : l'être qui peuplait vos rêves prend corps sous vos yeux. Aucun obstacle ne se mettra au travers de votre route et pour la première fois de votre vie tout vous semblera facile, aucun effort ne vous est demandé.
Si vous avez déjà quelqu'un dans votre vie, vous entrez dans une période bénie. Laissez libre cours à votre intuition, elle ouvrira la porte des gestes et des paroles justes. Vous sentez tout et pouvez faire confiance non seule-

ment à la vie, mais aussi à vous-même et, bien sûr, à votre partenaire.

S – Si vous avez eu des problèmes de santé, laissez-les derrière vous, votre convalescence ne vous obligera à fournir aucun effort. Vous pourrez vous laisser porter doucement par la vie, faire ce dont vous avez envie, et tout ce qui vous fait plaisir. Vous retrouverez alors force et énergie.
Si vous n'avez aucun souci physique en ce moment, non seulement vous n'êtes pas près d'en avoir, mais votre énergie va se décupler, et votre bien-être n'aura d'égal que votre joie de vivre. Vous allez vous sentir capable de soulever des montagnes, et ce qui vous fatiguait ou vous pesait vous semblera tout au contraire facile et exaltant.

Ag – Si le côté matériel vous a parfois causé bien du souci, vous pouvez sans regrets tourner le dos au passé et regarder devant vous. Tout s'ouvre, vos idées, votre créativité vous apportant enfin le fruit de vos efforts ; vous entrez résolument dans une période de facilité menant au succès, et même à l'aisance. Les problèmes s'effacent, les choses se font « comme dans un fauteuil » pour assurer le confort de votre nouvelle situation.
Si l'argent ne vous fait pas défaut, l'avenir est tout aussi prometteur et vous naviguez de facilités en facilités. Votre savoir-faire continue à faire des miracles, l'argent attire l'argent, vous

pouvez vous permettre d'investir : c'est fructueux !

188

T – Tout vous semble au point mort. Rien ne bouge, mais vous non plus ! Vous auriez la possibilité d'entreprendre, de vous secouer ou de vous battre, mais toute votre activité est plutôt dans l'imaginaire. Vous rêvez, vous espérez, vous faites des projets, mais vous ne mordez pas dans la vie. Il vous faut comprendre que vous êtes riche de dons soit artistiques, soit intuitifs. C'est en prenant vous tournant vers ce que vous aimez vraiment, vers votre vocation profonde, que vous allez pouvoir donner à votre vie l'impulsion nécessaire à la réussite. Réveillez-vous, vous avez toutes les compétences requises, pour peu que vous décidiez de vous mettre en action.

A – Vous êtes un doux rêveur, trop sentimental, et vos voyages amoureux se passent plutôt dans la tête que dans la réalité. Vous attendez que les événements se déclenchent sans avoir à agir personnellement – il fait beau : il fait beau ; il ne fait pas beau : il ne fait pas beau ! Attention, vous risquez, à ce rythme, de rester longtemps sur le quai à regarder passer les trains sans jamais monter dedans. Pourtant, votre sensibilité, votre intuition peuvent vous permettre d'envisager une belle croisière affective. Vous avez toutes les qualités pour décider de changer le cours de votre vie.

Si vous avez quelqu'un auprès de vous, vous êtes sous influence, à subir l'ascendant de l'autre ; il vous faut développer un peu plus de feu et de dynamisme pour avoir un réel droit de cité et obtenir réponse à vos attentes amoureuses.

S – Vous êtes dans une période de perte d'énergie. Tout vous semble fade, gris, vous avez des difficultés à mordre dans la vie ; vous vous sentez fatigué, nostalgique. Pourtant, vous avez les moyens de rebondir – pour peu que vous le décidiez. Il vous faut faire le premier pas ; entreprendre certaines activités vous permettrait de retrouver votre dynamisme.
Si vous vous sentez plutôt en forme, prenez tout de même conscience qu'il serait bon de vous reposer un peu, de vous intérioriser, de vous occuper mieux de vous et de votre bien-être, et qu'une période sabbatique, ou davantage de sommeil, pourrait se révéler des plus salutaire. Une phase de repli serait fort indiquée !

Ag – Si vous avez des problèmes financiers, ce n'est pas en rêvant à l'oncle d'Amérique que vous allez les résoudre, ni en attendant, couché sous un arbre, que le fruit vous tombe dans la bouche ! Vous rêvez de bien-être et de corne d'abondance, mais, si vous souhaitez que ces rêves deviennent réalité, sachez que vous détenez le mode d'emploi pour cela. Il vous suffit de décider d'agir, d'entreprendre des dé-

marches. Vos qualités et compétences vous permettent de regarnir votre bas de laine.
Si vous n'avez pas de soucis d'argent, privilégiez votre plaisir plutôt que l'appât du gain. Ce n'est pas le moment de vous battre ; tout au contraire, goûtez les fruits et profitez des facilités que la vie vous apporte.

189

T – C'est une période de pesanteur, une fin de cycle qui vous inquiète, vous angoisse, vos recherches de travail n'aboutissant pas. Quand le vent ne souffle pas dans les voiles, il est inutile de vous acharner, au risque de dilapider vos énergies. C'est au contraire un moment privilégié pour prendre du recul, analyser vos échecs ou vos difficultés. Posez-vous des questions, réfléchissez, acceptez la notion de temps – « tout vient à point à qui sait attendre ». Si vous terminez la période d'une façon difficile, sachez qu'elle porte en elle le printemps qui va montrera bientôt le bout de son nez.
Si vous avez du travail, vous ne vous y épanouissez certainement pas. Soit vous êtes débordé de tâches que vous ne pouvez pas assumer, soit l'ambiance est lourde, déplaisante, et vous vous sentez dépassé par les événements. Vous devez d'urgence chercher d'autres solutions, la réflexion ne pourra qu'être bonne conseillère !

A – Si vous êtes seul actuellement, l'angoisse et le malaise vous oppressent, les souffrances du

passé pèsent sur vos épaules, et vous tournez en rond, cherchant désespérément une issue. Ce trouble est pourtant le ferment nécessaire à la préparation d'un avenir meilleur. Au lieu de porter le regard sur ce qui ne va pas, acceptez de tourner la tête vers la vie qui vous entoure et qui vous propose de retrouver le sourire. « On ne prête qu'aux riches », dit le dicton : la vie fait des cadeaux à ceux qui sont prêts à les recevoir. Mettez-vous dans un état de réceptivité au bonheur, et l'amour arrivera à grands pas.
Si quelqu'un partage votre vie, vous n'êtes pas à la noce ! Vous vivez plutôt la fin d'une histoire, à moins qu'il ne s'agisse d'un renouvellement profond, indispensable au retour de la joie de vivre.

S – Si vous n'êtes pas au mieux de votre forme, les soucis sont lourds à porter et difficiles à assumer ; cela vous cause une profonde angoisse. Plus on se pose de questions, plus on ressasse ce qui ne va pas, plus grand est le malaise. Alors, au lieu de dépenser votre énergie de façon négative, intéressez-vous aux différentes possibilités qui s'offrent à vous pour résoudre vos problèmes : peu à peu, vous trouverez des solutions.
Si vous n'avez aucun ennui actuellement, il est de votre intérêt de développer votre vigilance et de sentir que vous demandez beaucoup trop à votre corps, que vous tirez trop sur la ficelle et qu'il est temps de prendre du repos et du recul. Votre énergie est à bout de course et

vous crie grâce ; alors, écoutez-la, écoutez-vous !

Ag – Si vous avez des problèmes financiers, vous n'êtes pas près de les résoudre. Vos tentatives pour en sortir sont inefficaces, et l'angoisse qui vous envahit ne vous aide pas à rebondir. Si vous êtes dans une période de vaches maigres, acceptez-le, souriez aux difficultés, organisez-vous et ne vous épuisez pas dans un combat inutile et vain. Le temps travaille pour vous, vivez l'hiver avec sérénité, le printemps arrivera forcément.
Si vous n'avez pas de problèmes, restez lucide et prudent, c'est une période où la réserve et l'économie sont au programme. Les propositions extérieures doivent être analysées avec circonspection, toute décision prise à la hâte risquant de vous causer de sérieux préjudices.

190

T – Si vous êtes demandeur d'emploi, vous devez rassembler votre énergie et retrouver votre confiance. Vous avez les richesses et les compétences suffisantes pour vous imposer ; encore faut-il que vous entrepreniez les démarches nécessaires pour vous faire connaître et prouver votre valeur. Pour l'instant, vous n'avez pas encore franchi le pas, et rien ne peut arriver sans votre intervention personnelle. Il ne suffit pas d'envoyer un *curriculum vitae* ni de passer un coup de téléphone, encore moins de lire les petites annonces… N'hésitez pas à développer votre assurance, à vous imposer, à mettre des projets à exécution : vous ne pourrez que vous en féliciter !

A – Si vous êtes en quête du grand amour, vous devez retrouver votre confiance en vous avant de partir à la conquête du bien-aimé. Prenez conscience de vos richesses, apprenez à vous mettre en valeur et ensuite seulement, faites le pas nécessaire vers la vie ou vers l'autre. N'ayez surtout aucune hésitation, car rien ne peut arriver sans votre propre action.
Si vous avez quelqu'un dans votre vie, vous ne donnez pas sa pleine mesure votre relation, qui demande à être étoffée. Tout dépend de vous, imposez-vous, « demandez et vous recevrez ». Si vous restez dans votre petit coin, l'autre ne verra que la moitié de vous-même.

S – Si vous avez des problèmes de santé, soyez persuadé que vous avez toute l'énergie nécessaire pour vous en débarrasser. Encore faut-il que vous en soyez pleinement conscient et que vous acceptiez ensuite de faire ce qu'il faut pour aller vers le mieux-être. Un petit effort est requis : c'est vous, et vous seul, qui pouvez et devez provoquer votre guérison.
Si vous vous sentez plutôt bien en ce moment, n'en soyez pas surpris : le feu qui vous habite vous permet de faire confiance à votre corps. Mais il vous est tout de même demandé de faire le nécessaire pour continuer dans la même direction. Aussi, lancez-vous dans le sport ou

dans des exercices physiques, votre dynamisme a besoin d'être nourri et cultivé.

Ag – Si vous avez des problèmes financiers, dites-vous bien que toutes vos compétences, toute énergie concordent à trouver une issue. Mais, pour obtenir ce que vous voulez, il faut mettre votre dynamisme en œuvre et déployer beaucoup plus d'activité. Il est bien question ici de vous donner les moyens. Il n'y a que vous qui puissiez le faire, les obstacles ne viennent pas de l'extérieur, sachez-le !
Si vous n'avez pas de soucis matériels, ne vous endormez pas sur vos lauriers et ne restez pas dans une confiance béate. Vous devez développer de l'énergie pour préserver ou accroître vos ressources. Rien n'est jamais vraiment acquis, et vous pouvez avoir l'audace d'aller plus loin, d'obtenir plus. Vous êtes le maître de votre jeu.

191

T – Si vous n'avez pas de travail, vous êtes appelé à en trouver rapidement. Vous entrez dans une période de renouveau, votre confiance en vous peut s'étaler, prendre toute son ampleur et s'autoriser à aller vigoureusement de l'avant. De plus, non seulement les probabilités de trouver un poste sont plus que hautes, mais il se peut qu'elles vous offrent dès le départ la place que vous méritez.
Si vous avez déjà un emploi, vous êtes appelé à une promotion, votre confiance en vous permet

aux autres de croire en vos talents. Soit un changement de situation vous apporte un poste avantageux, soit l'exercice d'une activité différente vous donne l'occasion de trouver enfin votre vitesse de croisière.

A – Si vous n'avez personne dans votre vie, alors, préparez-vous à un grand renouveau sentimental. Vous pouvez développer votre confiance en vous et vous donner toutes les chances d'une rencontre nouvelle. À peine mettrez-vous le nez dehors que vous serez assuré de croiser le regard de l'autre – si ce n'est tout de suite, c'est très prochainement. Et ce n'est pas une petite histoire qui vous attend !
Si vous avez quelqu'un dans votre vie, c'est un merveilleux moment de renouvellement qui s'annonce, qui donnera à votre amour une ampleur inespérée. Ayez confiance, vous êtes lancé dans une aventure qui ne demande qu'à s'épanouir et à s'enrichir tous les jours. Pas question de train-train quotidien, toutes les heures sont des heures nouvelles !

S – Si vous avez des ennuis de santé, vous pouvez enfin les traiter par le mépris : votre énergie reprennent le dessus, et c'est un véritable renouveau qui vous est promis. Vous avez même des chances de vous trouver mieux qu'avant : vous repartez alors gaillardement d'un bon pied. Il n'est même pas question de convalescence, mais de guérison.
Si vous vous portez plutôt bien, vous êtes as-

suré de continuer sur la même lancée, votre énergie se nourrit d'énergie, et plus vous êtes entreprenant, mieux vous allez. Celui qui vous fera tomber à terre n'est pas encore né, et votre moral est le plus sûr garant de votre santé. Vous avez toujours besoin de vous renouveler, de ne pas tomber dans l'ennui ; n'hésitez pas à provoquer votre vitalité, elle vous conduira vers des sommets.

Ag – Si vous avez connu des écueils financiers, c'est terminé ! Vous êtes appelé à la réussite, à une transformation de vos finances. Tout ce que vous aviez espéré devient possible et votre confiance en vous-même joue un rôle important. C'est tout à fait le moment de provoquer les occasions ou les rencontres vous permettant de développer votre esprit d'entreprise. Une période d'abondance vous est promise, mais sur des projets nouveaux. Les événements peuvent survenir rapidement, il est important d'être attentif et vigilant.
Si, au contraire, vous êtes dans une période favorable et que l'argent n'est pas un problème pour vous, alors vous êtes béni des dieux, car il est question d'augmentation du capital, de renouveau et d'abondance.

192

T – Si vous êtes en recherche d'emploi, malgré toutes les capacités et les compétences que vous recelez, vous êtes obligé d'accepter la notion de temps. Vous devez absolument rencontrer un maximum de monde – pas forcément de gens que vous connaissez. Les solutions à votre problème ne pourront apparaître que si vous acceptez de faire des choses que vous n'aviez encore jamais tentées. Vous allez apprendre et découvrir soit un métier que vous ne connaissez pas, soit de nouvelles approches ne correspondant pas forcément à votre formation, et tous les bagages importants que vous avez accumulés restent en réserve pour l'instant.

Si vous avez déjà une activité, vous avez donné leur pleine mesure à vos compétences et vous vous êtes investi avec beaucoup d'énergie. C'est le moment d'accepter de vous ouvrir sur une autre manière de travailler ou sur d'autres formes de réalisation, ou encore sur un public différent. De toute façon, vous devrez vous adapter à des moyens moins accessibles qu'avant.

A – Si vous êtes seul en ce moment, la vie vous a doté de superbes bagages : les expériences du passé. Soit elles ont été vécues pleinement, soit elles vous ont laissé des richesses et un acquis qui vont vous permettre d'aborder le futur avec confiance et assurance. Vous allez à la rencontre de quelqu'un qui ne correspond en aucun cas à ce que vous avez pu vivre auparavant, et vous serez obligé de vous adapter peu à peu, sans précipitation.

Si vous avez quelqu'un dans votre vie, vous êtes un passionné, pleinement investi, et vous entrez dans une période qui va vous forcer à être plus circonspect, à prendre le recul nécessaire pour découvrir qui est vraiment l'autre et pouvoir ainsi développer une véritable réalisation affective en acceptant la différence.

S – Si vous vous sentez fragilisé en ce moment, ce ne peut être que passager. Vous avez de l'énergie à revendre et une extraordinaire possibilité de renouvellement. En revanche, vous devez employer d'autres remèdes ou développer un rythme de vie différent, ce sera pour vous le meilleur moyen de retrouver le plein de vitalité.
Si vous allez plutôt bien, ne vous reposez pas sur vos lauriers. Vous avez certes une excellente résistance, vous êtes extrêmement énergique, mais vous traversez une période où votre corps subit des changements de rythme. Il vous faut apprendre à fonctionner différemment en termes d'alimentation ou d'activité. N'hésitez pas à prendre des initiatives vous permettant de vous relaxer et de vous détendre.

Ag – Si vous rencontrez des problèmes financiers, ils ne peuvent être que momentanés. Vous avez beaucoup trop de savoir-faire pour vous abandonner à la déprime. Les possibilités pour rebondir sont là, et, si vous convoquez votre confiance en vous et votre aplomb, vous ouvrirez de nouvelles portes vers la réalisation souhaitée. Bien sûr, vous ne pourrez fonc-

tionner de la même façon qu'auparavant et vous serez tenu d'apprendre soit une nouvelle méthode, soit à vous montrer plus prudent.
Si tout va bien pour vous en ce moment, vous pouvez vous appuyer sur les sécurités du passé, mais en vous adaptant à un nouveau mode d'action. Il ne faut en aucun cas vous endormir dans une confiance béate ; au contraire regardez dans une autre direction pour vous réaliser matériellement.

193

T – Si vous êtes dans une période difficile et sans activité, vous allez pouvoir crier victoire : l'heure est à la renaissance. C'est le moment où jamais de réunir toutes vos forces pour libérer votre potentiel et enfin vous imposer. Votre intelligence vous fera distinguer dans les rencontres que vous ferez et votre côté passionné persuadera les plus exigeants.
Si vous avez déjà une activité professionnelle, vous entrez dans une merveilleuse phase de création où votre jugement clair et précis sait convaincre et faire passer vos projets à l'action. Vous pouvez être un véritable ouragan capable de balayer tous les obstacles, mais pas question d'hésiter ni de vous poser trop de questions : c'est en fonçant tête baissée que vous réussirez.

A – Si vous êtes célibataire, votre énergie vous permet d'envisager une véritable renaissance. Mais c'est dans l'indépendance et la liberté que les rencontres doivent se vivre. Pas question de vous installer dans un quotidien ronronnant. Votre côté passionné va pouvoir se déployer : autorisez-vous toutes les audaces. Mais il vous faut goûter les plats avant de prendre une décision, ce n'est pas le moment de vous engager sur le long terme. Vous avez parfaitement le droit de vous emballer, mais pas celui de mettre un point final.

Si vous n'êtes pas seul, vous avez cependant besoin d'indépendance, de plus de liberté. Votre vitalité exige plus d'espace, et votre couple y trouvera son compte. Cela vous permet alors de vous redécouvrir l'un l'autre et d'atteindre ainsi une totale osmose.

S – Si vous avez des ennuis de santé, ils ne risquent pas de s'installer longtemps. Vous avez de l'énergie à revendre et les moyens de vous dégager de vos malaises avec une facilité qui peut déconcerter votre entourage. Vous sortez de tous vos problèmes à la vitesse grand V et vous diriger vers une véritable renaissance, où vous retrouverez toutes vos capacités accrues.

Si vous vous portez bien, vous n'êtes pas près de baisser pavillon. Les autres ont du mal à vous suivre, et tout le monde s'écroule bien avant vous. Tout permet de croire que, plus vous êtes dans l'action, mieux vous vous portez. L'avenir se présente riche de possibilités encore plus favorables ; vous pourrez alors vous permettre de faire tout ce que vous voudrez.

Ag – Si vous avez des soucis d'argent, n'ayez

pas trop d'inquiétudes. Malgré votre côté dépensier, vous vous en sortez toujours. Vous êtes capable d'emprunter à Pierre pour rendre à Paul, mais vous savez toujours remarquablement surmonter vos problèmes. Vous pouvez très bien vivre au-dessus de vos moyens et, dans les périodes de difficultés, tel le Phénix victorieux, renaître de vos cendres.
Si tout va bien matériellement, vous pouvez continuer à voguer avec une certaine insouciance et jouer les cigales sans pour autant vous retrouver devant vos placards vides. Vous entamez un cycle de vie où vous rebondirez toujours.

194

T – Si vous êtes en recherche d'emploi, réjouissez-vous : soit vous allez recevoir de bonnes nouvelles, soit tous les contacts que vous avez pris vous apportent les ouvertures souhaitées. Non seulement vous trouvez le travail attendu, mais, en plus, il correspond parfaitement à vos capacités et à ce que vous espériez. Vous entrez enfin dans une période de sécurité, et vous retrouvez paix et harmonie.
Si vous exercez une activité professionnelle, vos dons de contact et de communication vous permettent de prendre votre véritable place, soit dans le cadre de fonctions correspondant parfaitement à vos dons et aspirations, soit parce que vos démarches sont couronnées de succès.

A – Si vous êtes seul en ce moment, vous allez

enfin trouver l'âme sœur. L'être avec lequel vous pouvez enfin échanger et communiquer n'est pas bien loin. De plus, ce n'est pas seulement une histoire de quelques jours. L'harmonie va s'installer et prendre racine. Même s'il ne s'agit pas forcément de passion, une complicité solide vous soudera et c'est sans inquiétude que vous pouvez prétendre faire durer cette belle histoire.
Si vous avez quelqu'un dans votre vie, il est probable qu'une profonde entente règne : confiance, échange, écoute, compréhension mutuelle et vie en très grande complémentarité sont à l'ordre du jour. Rien ne laisse présager que le beau temps puisse ne pas durer ; c'est donc en toute sécurité que vous poursuivrez votre voyage amoureux.

S – Si vous ne vous sentez pas bien, le malaise est soit illusoire et subjectif, soit passager. Tout concorde pour que votre énergie circulent en parfaite quiétude, et vous retombez sur vos pieds avant même d'avoir eu le temps de dire « ouf ». Vous pouvez vous écouter, car vous savez mieux que quiconque comment vous soigner et retrouver votre bien-être. Faites-vous confiance, vous aurez toujours le dernier mot.
Si vous êtes en forme, aucune inquiétude à l'horizon, les nuages ne sont pas pour vous. Vous avez trouvé le rythme qui vous convient et savez préserver votre santé. Vous êtes solide et avez toujours la réserve d'énergie nécessaire pour contrebalancer vos efforts.

Ag – Aucune inquiétude à avoir en termes économiques ! Faites-vous confiance, vous saurez trouver les ouvertures, et votre savoir-faire vous permettra toujours de reprendre racine. Vous allez obtenir la sécurité dont vous avez besoin, mais n'oubliez pas que votre meilleur conseiller n'est nul autre que vous. Vous allez trouver les moyens qui vous permettront de vous ressourcer sur le plan financier.

Si vous n'avez pas de problèmes, aucun souci ne vient obscurcir votre optimisme. Vous avez su faire les bons choix et chaque fois que vous prenez une décision, vous lui donnez l'impulsion voulue. Votre clarté et votre franchise vous ouvrent des portes, et votre sécurité financière actuelle pourra dans quelque temps mener à l'abondance.

195

T – Une porte merveilleusement prometteuse s'ouvre devant vous pour offrir une issue à vos problèmes professionnels.

Si vous rencontrez des difficultés pour trouver du travail, c'est le moment de prendre un maximum de contacts : la vie se fait alors enfin clémente. Tous les soucis, tous les malaises disparaissent, et votre atout maître étant la communication. Provoquez autant de rencontres que possible, mais orientez également votre recherche d'emploi dans ce domaine.

Si vous avez déjà un emploi, vous avez pu connaître certaines mésententes avec des gens de votre entourage professionnel ou bien manquer de confiance en vous. Tout rentre dans l'ordre, à condition de parler, de vous exprimer, d'être clair. Seule la franchise vous rendra l'harmonie.

A – Si vous avez des problèmes affectifs, ou si vous êtes seul, l'heure est à la rencontre. Mais cette dernière ne se fera que par le biais des échanges et de la communication ; ainsi seulement, le bonheur pourra enfin reprendre pied dans votre vie. Vous abordez une période remarquable pour voir s'évanouir les idées noires, les soirées solitaires ; si vous acceptez de mettre le nez dehors, vous rencontrerez l'autre.
Si vous vivez avec quelqu'un ou que vous ayez un être cher dans votre vie, vous éprouvez un certain malaise, tout ne se passant pas comme vous le voulez. C'est le moment d'en parler, d'oser exprimer ce qui ne va pas, d'être clair dans votre propos ; votre relation retrouvera alors son équilibre dans la parfaite compréhension mutuelle !

S – Si vous n'êtes pas au mieux de votre forme, ayez recours aux massages, à la marche, prenez l'air de la campagne pour faire de nouveau circuler votre énergie. Tout cela vous permettra de redynamiser vos cellules, de retrouver l'oxygène qui vous manquait, et d'assurer votre totale guérison.
Si vous n'avez pas de soucis physiques, votre seul ennemi est votre moral, qui peut par ins-

tants diminuer vos forces. Vous vous inquiétez d'un rien, formulez des pensées négatives non fondées… Un seul grain de poussière peut enrayer une machine, soyez-en conscient. Vous avez une belle énergie qui nourrit harmonieusement votre être : ne vous mettez donc pas « des bâtons dans les roues » sans raisons.

Ag – Si vous rencontrez des soucis financiers, ils peuvent s'évanouir facilement, pour peu que vous montiez quelque dynamisme dans les contacts et les relations extérieures. C'est par eux que vous trouverez les solutions à vos problèmes et les moyens de rebondir. Toutes les portes s'ouvrent, et l'argent circule de nouveau. Si vous n'avez pas de soucis matériels importants, ne mettez pas votre sécurité en péril par des inquiétudes non fondées : vous n'avez aucune raison de vous en faire. Tout ce qui a été mis en œuvre jusqu'à maintenant continuera allègrement sa route, et aucun danger ne point à l'horizon. Attention aux pensées négatives, qui peuvent mettre un bémol dans une partition sans fausses notes.

196

T – Si vous êtes en recherche d'emploi, soyez sûr que le succès est très proche. Vos atouts sont l'énergie et la bonne humeur. Votre charme ouvre des portes, et vous trouvez rapidement chaussure à votre pied. C'est donc le moment d'agir et de convoquer toutes vos forces et compétences pour vous affirmer.

Si vous avez déjà une activité, vous entrez dans un cycle où non seulement vous obtenez les ouvertures que vous souhaitez, mais où vous vous régalez, où vous faites des choses qui vous séduisent. Tout se passe dans la bonne humeur, vous profitez enfin de ce que vous avez mis en place depuis quelque temps.

A – Si l'amour n'a pas frappé à votre porte depuis un moment, votre vie s'illumine enfin. Votre situation vous ouvre la voie d'une véritable passion, qui vous apporte bien-être et joie profonde.
Si vous avez quelqu'un dans votre vie, vous pouvez envisager de prolonger cette précieuse relation. Les sentiments que vous éprouvez sont réciproques, et tout se conjugue actuellement pour créer encore plus de bonheur, de succès, de douceur dans vos échanges. C'est dans la joie et le rire que vous confortez vos amours. Vous passionner ensemble, trouver de nouveaux intérêts communs donne une puissance supplémentaire à votre couple, accompli.

S – Si vous avez eu un problème de santé, vous vous en dégagez rapidement. Votre vitalité et votre pensée, toujours portés sur le côté positif des choses, vous permettent de retrouver harmonie et bien-être. Vous êtes armé pour surmonter vos fragilités, et votre énergie est tournée vers la guérison.
Si vous allez plutôt bien, conservez le cap sans souci : votre joie de vivre, votre goût du bon et

du beau sont les soins les plus appropriés. Le rire est votre complice, et vous êtes votre meilleur médecin. De plus, vous entrez dans une merveilleuse période de bien-être physique où la pratique d'activités nouvelles telles que la danse ou les sports de combat ne peut que vous aider à vous entretenir. De toute façon, ne choisissez que ce qui vous plaît.

Ag – Si vous avez des problèmes d'argent, il est d'ores et déjà possible de les conjuguer au passé. Vous avez les outils pour sortir de n'importe quelle impasse. Votre clairvoyance et votre optimisme vous permettent de vous affranchir des soucis. Vous savez ouvrir les portes, séduire, et vous obtenez ce que vous voulez quand vous le voulez.
Si vous n'avez aucune difficulté financière, c'est avant tout le fait de votre compétence et de vos talents. Vous n'êtes pas quelqu'un qui aime thésauriser. Vous savez jouir de la vie sans pour autant vous mettre en danger, et, chaque fois que vous puisez dans vos richesses, la vie vous fait de nouveaux cadeaux, vous procure d'autres plaisirs. Comme si le fait de lui offrir votre joie de vivre lui donnait obligation de vous « renvoyer l'ascenseur » !

197

T – Si vous êtes en recherche d'emploi, vos doutes et vos inquiétudes seront bientôt de l'histoire ancienne. Vous allez pouvoir retrouver votre confiance en vous-même et ob-

tenir des satisfactions. Rien ne s'opposera plus à la réalisation de vos espoirs, vos compétences seront reconnues et tout deviendra simple.
Si vous avez déjà un travail, il peut ne pas tout à fait correspondre à vos attentes. Rassurez-vous, la vie vous apporte des éléments vous permettant de vous passionner de nouveau et de réussir parfaitement dans ce que vous entreprenez. Vous avez pu douter, mais tout s'éclaire, et vous serez étonné de la facilité avec laquelle vous atteignez vos buts.

A – Si votre vie sentimentale est désertique, si vous avez l'impression que la vie ne vous apporte pas grand-chose pour être heureux, ouvrez vos yeux et vos oreilles : la période actuelle vous apporte la possibilité d'atteindre le bout du tunnel. Tout s'éclaire, vous pouvez retrouver confiance et énergie, faire une rencontre. Celle-ci vous permettra de sortir d'un rythme un peu tiède et fade. Le succès est au rendez-vous !
Si la vie vous a déjà fait le cadeau de ne pas être seul, vous pouvez pourtant ne pas vous sentir assez nourri affectivement. Mais tout bascule, la chaleur revient, peut-être même la passion, vous reprenez vraiment goût aux plaisirs de la vie.

S – Vous vous dégagez enfin d'une période d'insatisfaction et de fatigue et laissez loin derrière tous les malaises… Votre énergie remontre le bout de son nez, elle est là, à votre disposition, à vous de vous en servir ! C'est en passant à l'action que vous retrouverez la forme, alors n'hésitez pas à faire du sport, de la marche, etc. Prendre du soleil ou vous promener dans la nature, rien de tel pour vous ressourcer ! Plus vous irez vers la vie, plus elle se fera câline.

Ag – Vous avez eu des soucis, mais c'est terminé. Vous pouvez de nouveau être en confiance. Vous retrouvez l'équilibre et, pour peu que vous vous mettiez à l'action, la victoire ne se fait pas attendre. Les doutes s'éloignent, tout devient possible ! Ce n'est pas le jackpot pour autant, mais vous pouvez compter retourner à la stabilité et à la sécurité. L'horizon s'éclaircit, la vie s'adoucit. Bien sûr, cela ne se fait pas sans vous, alors n'hésitez pas à prendre des initiatives !

198

T – Si vous cherchez depuis longtemps du travail, vous devez comprendre que votre manque de confiance en vous – certainement dû à la lenteur avec laquelle les portes s'ouvrent – est un frein, un obstacle à la réussite. Si la vie vous demande de la patience, elle vous promet toutefois, avec certitude, un contrat, un emploi. Il est vrai que vous serez obligé d'entreprendre une recherche systématique et très sérieuse. De la rigueur de ces démarches dépendra votre succès. Si vous avez un emploi, il peut vous sembler lourd et beaucoup trop prenant. Vous recherchez désespérément les moyens de vous dégager de la pression. Vous devez prendre des décisions, clarifier les choses ou encore vous libérer de certaines contraintes. Soyez certain que vous serez prochainement en mesure de le faire : le temps travaille pour vous.

A – Si la solitude est toujours au menu, vous êtes sûrement dans l'attente, mais, jusqu'à présent, la recherche n'a pas été couronnée de succès. Vous aviez trop tendance à plaquer sur le visage de l'autre votre soif d'aimer ; bien sûr, ce genre d'attitude n'apporte que déception. Ne vous en faites pas, la vie vous promet le retour à l'équilibre affectif. La patience et la prudence vous permettent enfin de rencontrer l'être qui vous correspond.
Vous avez quelqu'un dans votre vie ? Vous éprouvez bien des difficultés à le voir tel qu'il est. Vous êtes différents de caractère et de nature ; toutefois, si vous acceptiez de prendre le temps d'observer, d'écouter et d'admettre peu à peu cette différence de l'autre, vous trouveriez sans difficulté le mode d'emploi pour mieux vivre avec votre partenaire.

S – Si vous n'êtes pas au mieux de votre forme, c'est que vous devez prendre du recul et accepter une période de repos. Vos énergies ont besoin de se ressourcer ! Il vous faut du silence, pour vous retrouver en vous-même. Vous retournerez progressivement à l'équilibre et pourrez repartir d'un bon pied.

Si vous allez plutôt bien, ménagez tout de même votre monture, car vous en faites trop. N'utilisez que les forces que vous possédez et cessez de tirer sur la corde. En apprenant à vous écouter, vous pourrez conserver résistance et équilibre. Vous découvrirez ainsi que votre bien être dépend du geste juste, du nombre d'heures indispensable (d'ailleurs, vous avez besoin de dormir plus qu'un autre). Vous comprendrez l'utilité de préserver ces moments de solitude.

Ag – Si vous rencontrez des difficultés matérielles, sachez que vous ne pouvez pas en sortir en claquant les doigts. Vous allez être obligé, pendant quelque temps, de vous montrer prudent et économe. Si vous regardez en arrière, vous constaterez qu'il n'est pas possible de continuer à vivre comme hier. Vous trouverez les moyens de vous arracher à ce mauvais pas en développant patience et acharnement. Vous retrouverez ainsi, peu à peu, les moyens de rééquilibrer votre budget.
Si vous n'avez aucun problème, ne soyez pas euphorique pour autant. Vous allez devoir développer quelque prudence et rester très attentif. Évitez les dépenses inutiles et préservez vos arrières.

199

T – Si vous n'avez pas de travail actuellement, c'est une merveilleuse période pour en trouver un. Vous entrez dans un nouveau cycle où vous

allez reprendre confiance en vous, obtenir un contrat ou un emploi. Attention, cependant, à ne pas faire le difficile, à freiner ni à traîner. L'Orient-Express entre en gare, ne vous dites surtout pas « je prendrai le suivant ».
Si vous avez déjà un emploi, une passionnante phase de renouveau vous attend. Vous convoquez toute votre énergie pour apporter des changements positifs à vos activités. Vous avez le mode d'emploi pour fonctionner de façon beaucoup plus équilibrée. Attention, là encore à ne pas compromettre les choses en prenant trop de recul, en voulant attendre avant de bouger, en vous montrant méfiant ou excessivement prudent... Vous risqueriez de perdre le bénéfice de toutes ces chances qui s'offrent à vous.

A – Si vous êtes à la recherche de l'âme sœur, c'est le moment ou jamais de la rencontrer. Tout bouge, acceptez de suivre les courants actuels, d'instiller du mouvement, d'organiser des sorties, des déplacements. Vous aurez ainsi la certitude de rencontrer très rapidement votre partenaire. Veillez à ne pas freiner ni à remettre à demain ce qui peut être fait aujourd'hui, vous risqueriez de laisser passer votre chance.
S'il y a quelqu'un dans votre vie, vous êtes dans une phase d'évolution où tout peut se jouer et apporter à votre amour une mobilité, une évolution remarquable. Vous aurez entre les mains toutes les clés du succès. Attention, cependant, aux retards, un excès de méfiance ou de pa-

resse pouvant annihiler les belles perspectives qui se dessinaient.

S – Si vous avez rencontré des problèmes de santé, le moment est propice pour en sortir. Les choses bougent et votre situation peut parfaitement évoluer. Si aucun diagnostic n'a pu être établi de façon certaine, la clarté se fait enfin, et les moyens de vous acheminer très rapidement vers une guérison complète apparaissent. Le seul danger serait de ne pas y croire et de ne pas suivre l'instinct infaillible de votre corps. Écoutez-le et ne doutez plus de vos capacités de rétablissement.
Si vous allez bien, continuez à suivre le rythme imprimé à votre vie. L'action est votre alliée. Vous avez trouvé exactement les activités qui vous conviennent, le seul obstacle serait de ralentir la cadence. Le repos ne vous vaut rien !

Ag – Si vous avez des soucis d'argent, vous entrez dans un nouveau cycle où tout bouge, tout change, tout évolue. C'est le moment ou jamais d'être présent actif, attentif. Vous allez trouver le mode d'emploi pour sortir des difficultés. Votre dextérité et votre lucidité sont vos complices. Attention à ne pas traîner la patte, vous risqueriez de laisser passer cette excellente influence.
Si tout fonctionne bien pour vous sur le plan financier, ne vous reposez pas pour autant sur vos lauriers. Il est temps de mettre vos acquis en valeur et de renouveler votre action en la

matière : vous trouverez facilement le moyen d'accroître votre capital. Attention, si vous préférez jouer la prudence, vous y perdrez !

200

T – Si vous vous trouvez sans emploi, vous éprouvez une sensation d'étouffement, de malaise, qui vous conduit à faire exactement le contraire de ce qu'il faudrait pour vous en sortir – comme rester dans votre coin, vous cloîtrer chez vous... Pourtant, vous entrez dans une période où vous allez trouver non seulement du travail, mais aussi une solution à la mesure de vos compétences. La vie vous demande simplement de faire un pas ; en échange, elle en fera dix vers vous. N'hésitez plus à prendre cette initiative, c'est l'effort qui vous est demandé.
Si vous avez déjà une activité, vous pouvez vous sentir écrasé par l'impossibilité de faire ce que vous voulez. Cependant, rien ne vous empêche de développer un plus grand sens de l'entreprise, de mettre le nez dehors, de passer à l'action pour changer les choses. Si vous n'êtes pas bien dans ce que vous faites, c'est que vous méritez beaucoup plus. À vous de vous le donner !

A – Si le manque d'amour vous fait suffoquer, c'est en grande partie de votre fait. Ce n'est pas en restant chez vous les volets fermés, à regarder la télévision, que vous allez voir entrer le partenaire de vos rêves. Vous avez une na-

ture affectivement riche, que vous êtes appelé à vivre intensément. À vous de faire le pas vers la vie, vers l'extérieur, vers les autres. Vous verrez, vous obtiendrez ce que vous méritez.
Si vous vivez une relation amoureuse, vous pouvez vous sentir dominé par votre partenaire. Vous acceptez et subissez trop : vous devez vous dégager de cette emprise. Il ne s'agit pas pour autant de casser votre histoire ; au contraire, si vous prenez plus de liberté et d'autonomie, vous pourrez donner de l'ampleur à votre couple.

S – Si des problèmes de santé sont apparus, vous avez du mal à vous en dégager. Vous restez trop enfermé dans votre malaise, sans trouver le ressort pour en sortir. Vous êtes pourtant appelé à une guérison complète, à condition de compter plus sur vous-même que sur une aide extérieure. À vous de faire les démarches pour développer plus de dynamisme et vous réhabituer tout doucement à une vie plus active.
Si vous vous sentez plutôt bien, ne vous contentez pas d'un état de béatitude. Vous ne conserverez votre bien-être qu'en étant plus énergique et en vous poussant davantage à l'action. Donnez-vous l'élan nécessaire pour exercer une activité physique comme le sport, la danse ou, plus simplement, la marche à pied.

Ag – Si vous rencontrez des problèmes d'argent, ce n'est pas en restant dans votre petit

coin que vous verrez les solutions apparaître ; elles ne tomberont pas du ciel. Vous avez pourtant les moyens de gagner plus ; c'est même une belle réussite qui vous attend dans ce domaine, à condition d'en faire la démarche et de vous ouvrir un peu aux contacts extérieurs.
S'il n'y a pas de soucis d'ordre financiers, ne vous contentez pas de ce que vous avez. Vous avez la possibilité d'augmenter vos ressources. Donnez-vous la peine d'être attentif aux occasions extérieures. C'est une excellente période pour acheter un coffre un peu plus important et y déposer vos nouveaux gains. Mais n'oubliez jamais que votre chance dépend en tout premier lieu de vous !

Conclusion

Le jour où nous sommes dans l'évidence que le nombre contient toute la Création, que la Création part de lui, que toutes les formes qui la composent sont modulées par le nombre… Que le 1, l'unité, contient à la fois l'infini et le fini, l'éternité et le temps… Le jour où notre conscience se penche à la fenêtre du « tout est possible », alors notre curiosité avide d'absolu peut tout imaginer, et, si le silence permet à la note de musique de s'exprimer, le fini permet à l'infini de se déployer.

Ce passage de vie qui nous incombe et nous paraît si court offre la possibilité à l'infini qui nous habite de nous extraire de nos limites, avide de prendre son souffle dans toute son ampleur !

Chaque chiffre revêt sa couleur, sa valeur dans son interaction avec les autres. À peine sorti du 1, il se presse, se bouscule pour retourner vers l'unité, en ayant glané au passage de son déroulement dans le temps un plus d'intelligence et de conscience.

« Le Un a eu besoin de sa création pour pouvoir se reconnaître. »

Toutes les formes de pensée, d'expression de laideur ou de beauté ne sont que la forme de cette quête de reconnaissance de soi. Nous nous posons tous, à un moment donné de notre vie, ces questions : « Qui suis-je ? Où vais-je ? » Et, s'il est impossible d'y répondre, du moins pouvons-nous « tendre vers »... sans arrêt. C'est peut-être cela, être vivant ! S'étirer sans fin vers des sommets dont la crête se perd dans les nuages, avide de les dépasser. Le seul mouvement de « tendre vers/aller vers » est porteur d'absolu. Tous les grands artistes, scientifiques ou créateurs connaissent bien cette recherche mêlée de bonheur et d'insatisfaction... Dans leur quête de perfection, ils ne sont jamais totalement heureux du résultat ; ils frôlent par moments le sommet et retombent, tel l'oiseau aux ailes impuissantes qui ne peut dépasser l'atmosphère.

Cependant, notre soif d'absolu trouve de temps en temps à s'étancher. Fatigué de faire le grand écart entre son état de finitude et son désir d'illimité. Nous découvrons alors, tout près, au creux de ce corps mortel, l'espace du « tout est possible ». Ceux qui l'on atteint par moments reviennent émerveillés, et il leur sera impossible d'oublier cet instant de perfection...

Il suffit de le savoir pour être confiants dans la divinité qui nous habite. Point de dieu extérieur, mais bel et bien une graine divine, en nous, qui n'attend que de germer.

La Création ne fait que commencer ! Comprenons que nous sommes responsables de son devenir. C'est nous les créateurs de Dieu, à la fois sa manifestation et son outil. Pour donner de la puissance à notre couleur, cette singularité qui nous est propre, pour alors participer à la création de la vie universelle, nous devons affirmer notre petit « Je ». Souvenons-nous que le J est la lettre Yod en hébreu et correspond au 10, et que ce chiffre parle d'évolution permanente, son symbole étant la roue. Faire grandir et évoluer ce « Je », c'est ce que nous avons à faire, en créant le grand mouvement, ne serait-ce que par une toute petite impulsion.

Comment certains peuvent-ils nous exhorter à lâcher notre ego ? Peut-on se défaire de l'outil qui aide à construire sa maison ? Tout être vivant a sa particularité, sa différence, et c'est cette richesse qui permet de créer un concert. Être singulier et l'affirmer est ce qui génère une résonance avec toutes les autres formes de vie. Chacun d'entre nous possède sa propre tonalité et fait à la fois partie de la mélodie : un et tout, simultanément.

Tous les nombres nous habitent et il ne nous est possible de commencer à les dérouler qu'en acceptant de passer par nous-mêmes. Notre petit « Je » doit s'affirmer totalement, s'imposer dans toute sa splendeur afin que sa résonance puisse chanter haut et clair, et participer à la symphonie de la vie ! Chaque fois que nous sommes créateurs, inventeurs hors de toute in-

fluence, nous faisons avancer la connaissance. La joie est dans la création, la souffrance est dans l'abandon de soi-même.
Peu importe de ne croire en rien, pourvu que l'on croie en soi, puisque nous sommes porteurs de tout. Sur le fronton du temple de Delphes est écrit : « Connais-toi toi-même et tu connaîtras l'Univers et les dieux. » Si la souffrance existe, c'est bien que la Création n'est pas terminée. Le tout parfait et l'amour n'existent pas encore, du moins sont-ils en devenir ; nous en sommes les ouvriers, les artisans. Baisser les bras retarderait la marche du monde. Notre culpabilité ? Nos erreurs ? Nos lâchetés et nos faiblesses ? Peu importe, nous avons parfaitement le droit de nous tromper, d'être essoufflés. Voyons plutôt que ce sera là le ferment d'une nouvelle floraison.

Si nous possédons le pouvoir de perfectibilité, c'est que nous sommes investis d'un seul devoir : pousser toutes nos facultés vers la beauté, le plaisir, l'amour, la création.
À partir du moment où nous sommes « dirigés vers », à défaut d'être totalement heureux, nous savons que nous nous trouvons sur *le* chemin. Si toutefois nous ne jouissons pas encore de ce paradis, nous savons qu'il existe et qu'il commence ici-bas.
Le paradis terrestre est à construire, et chacun de nous a un rôle à y jouer : les uns seront sensibles à la nature, les autres aux animaux, d'autres encore aux enfants, aux vieillards...

Tout est juste, toute vie contient la totalité de ce qui existe. Ces nombres qui modulent l'Univers, apprenons donc à les déchiffrer ! Avant de jouer du Mozart, il nous faut aller à la découverte de chaque note.
Soulevons doucement le voile qui rythme l'Univers. Découvrons le secret des nombres.

Claude DE MILLEVILLE.

Remerciements

Merci à Linda Salas-Vega pour la saisie du manuscrit.

GROUPE CPI

Achevé d'imprimer en octobre 2003 par
BUSSIÈRE CAMEDAN IMPRIMERIES
à Saint-Amand-Montrond (Cher)
N° d'édition : FT038702.
N° d'impression : 035016/1.
Dépôt légal : janvier 2002.
Imprimé en France